공부력을 길러 주는
요즘 아이들의 똑똑한 **독해** 습관

KB158186

# 문해력보스

**한국사** 우리 인물 (3종) / 우리 문화 (3종)

**세계사** 세계 인물 (3종) / 세계 문화 (3종)

\* 2022년 11월 출간 예정

---

📖 세트 제품을 구매하시면 함께 드려요

우리 인물 세트 부록 (2종)

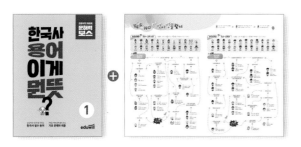

한국사용어 이게 뭔뜻 1          인물찾기 브로마이드

우리 문화 세트 부록 (2종)

한국사용어 이게 뭔뜻 2          문화유산 브로마이드

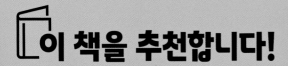

# 이 책을 추천합니다!

## 이 책을 추천하신 선생님들

"교과서독해 + 디지털독해 콘셉트는 단언컨대, 문해력의 빛나는 종합 선물 세트예요."

황준경 | 대광초등학교 교사

"교과서와 100% 연계된 글감으로 학교공부를 대비할 수 있어요."

나문정 | 한일초등학교 교사

"디지털 홍수 시대, 아이들이 현명한 판단을 내릴 수 있도록 하는 나침반 같은 책이에요."

박현진 | 샛별초등학교 교사

"문해력을 기르면서 동시에 배경지식까지 쌓여 두 마리 토끼를 잡을 수 있는 책이에요."

박미송 | 오송고등학교 교사

## 이 책을 추천하신 학부모님들

"아이들이 지루해하지 않아요. 스스로 연필을 잡고 공부하는 모습이 감동이었어요."

김태진 학생 어머니 | 상록초등학교

"교과서독해에서 배운 내용을 디지털독해를 통해 한 번 더 공부해서 좋았어요."

정유정 학생 어머니 | 부산진초등학교

"디지털독해가 뭔지 잘 몰랐는데, 책을 펼친 후 바로 알았네요.
공부뿐만 아니라 요즘 시대에 아이들에게 정말 필요한 능력을 길러 주는 책이라고 생각해요."

박수현 학생 어머니 | 광주서초등학교

"교과서를 기반으로 구성된 독해가 정말 매력적이었어요. 무엇보다 교과서가 중요하니까요."

신지훈 학생 어머니 | 고일초등학교

# 문해력 레벨업 게임

하루 공부를 마칠 때마다 오른쪽 딱지를 오려 붙여서 게임판을 완성해 보세요.

START

1주 1일차

1주 2일차

1주 3일차

1주 4일차

1주 5일차

레벨업!

2주 1일차

2주 2일차

2주 3일차

2주 4일차

2주 5일차

레벨업!

3주 1일차

3주 2일차

3주 3일차

3주 4일차

3주 5일차

레벨업!

4주 1일차

4주 2일차

4주 3일차

4주 4일차

4주 5일차

CLEAR

# 역사 인물을 찾아줘!

약 70만 년 전

구석기 시대

기원전 8000년경

신석기 시대

기원전 2000년~
기원전 1500년경

청동기 시대

기원전 1세기경
삼국의 건국

삼국 시대

676
신라의 삼국 통일

남북국 시대

918 고려 건국

고려 시대

1392 조선 건국

조선 시대

1876
강화도 조약 체결

근대

1910
국권 상실

일제 강점기

1945
8·15 광복

대한민국

---

**1780** — 박지원, 청나라 방문

**박지원**
1737~1805
청나라 문물 수용을 주장하고 『열하일기』를 쓴 실학자

**1796** — 수원 화성 완공

**ㅈㅈ**
1752~1800
수원 화성 건설 등 개혁 정치를 펼친 조선의 제22대 왕

**1811** — 홍경래의 난

---

**1910** — 국권 상실

**1909** — 이토 히로부미 저격

**ㅇㅈㄱ**
1879~1910
첫 번째 통감인 이토 히로부미를 저격한 독립운동가

**1905** — 을사늑약

**1905** — 헐버트, 미국 파견

**헐버트**
1863~1949
우리 민족의 독립운동을 도운 미국인 독립운동가

---

**1911** — 신흥 강습소를 세움

**이회영**
1867~1932
전 재산을 팔아 형제들과 함께 독립운동을 한 독립운동가

**1913** — 흥사단을 만듦

**ㅇㅊㅎ**
1878~1938
민족의 교육 활동과 국권 회복에 앞장선 독립운동가

---

**1970** — 전태일 분신 사건

**ㅈㅌㅇ**
1948~1970
노동 환경 개선을 위해 자기 몸에 불을 붙인 노동 운동가

**1950** — 6·25 전쟁이 일어남

**1948** — 남북 협상 추진

**김구**
1876~1949
독립운동가이자 통일 정부 수립을 위해 노력한 정치인

**1945** — 8·15 광복

| 1818 | 1860 | 1866 | 1871 | 1876 |
|---|---|---|---|---|
| 『목민심서』 완성 | 동학 창시 | 프랑스의 침입 | 척화비를 세움 | 강화도 조약 |

**정약용**
1762~1836
정조의 개혁
정치를 돕고
거중기를 설계한
실학자

**ㅊㅈㅇ**
1824~1864
새로운 종교인
동학을 창시한
종교 지도자

**흥선 대원군**
1820~1898
왕권 강화와
통상 수교 거부
정책을 펼친
고종의 아버지

| 1897 | 1895 | 1894 | 1884 |
|---|---|---|---|
| 대한 제국 선포 | 을미사변 | 동학 농민 운동 | 갑신정변 |

**ㄱㅈ**
1852~1919
조선의
마지막 왕이자
대한 제국의
첫 번째 황제

**전봉준**
1855~1895
'녹두 장군'이라고
불리며 동학
농민군을
이끈 지도자

**ㄱㅇㄱ**
1851~1894
우정총국에서
갑신정변을
일으킨 급진
개화파 인물

| 1919 | 1920 | 1922 |
|---|---|---|
| 3·1 운동 | 봉오동 전투·청산리 대첩 | 어린이날을 만듦 |

**유관순**
1902~1920
천안 아우내
장터에서 만세
시위를 한
독립운동가

**ㅎㅂㄷ**
1868~1943
독립군 부대를
이끌고 일본군에
맞서 싸운
독립군 대장

**방정환**
1899~1931
어린이의 인권
성장을 위해
노력한
독립운동가

| 1938 | 1937 | 1933 | 1932 |
|---|---|---|---|
| 보화각을 세움 | 중일 전쟁 | 본격적으로 저항시 발표 | 훙커우 공원 의거 |

**ㅈㅎㅍ**
1906~1962
전 재산을 바쳐
우리의 소중한
문화유산을 지킨
독립운동가

**이육사**
1904~1944
우리 민족의
독립 의지를
시에 담아
표현한 시인

**ㅇㅂㄱ**
1908~1932
중국 훙커우 공원
에서 일제를 향해
폭탄을 던진
독립운동가

**정답** 정조, 최제우, 김옥균, 고종, 안중근, 안창호, 홍범도, 윤봉길, 전형필, 전태일

# 문해력 보스

## 한국사 초등 3~6학년

우리 인물 ❸  조선 후기~근현대

# 우리 아이에게 "문해력"이 필요한 이유

문해력은 "글을 읽고 쓸 줄 아는 능력"입니다.
그럼 우리 아이의 문해력을 키우면 성적이 올라갈까요?

네, 그렇습니다.
문해력은 공부를 하는 데 필요한 기본 도구입니다.
국어, 사회, 과학 등 아이들이 배우는 과목에는 읽기와 쓰기 능력이 필요합니다.
문해력이 높으면 질문을 쉽게 이해하고
올바른 대답을 쓰거나 말할 수 있습니다.
문해력은 우리 아이의 학습 능력 그 자체입니다.
그래서 우리 아이에게 문해력이 필요합니다.

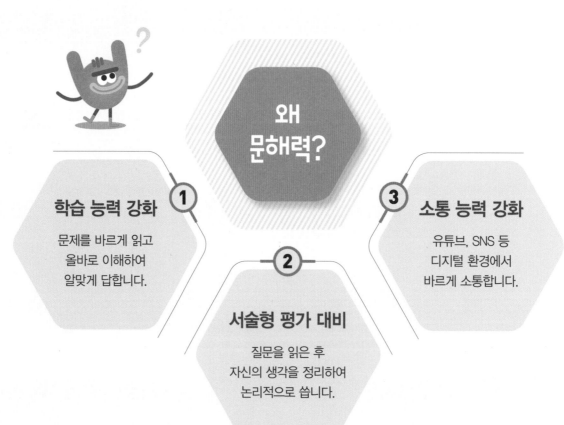

**왜 문해력?**

**학습 능력 강화** ①
문제를 바르게 읽고
올바로 이해하여
알맞게 답합니다.

**서술형 평가 대비** ②
질문을 읽은 후
자신의 생각을 정리하여
논리적으로 씁니다.

**소통 능력 강화** ③
유튜브, SNS 등
디지털 환경에서
바르게 소통합니다.

# "문해력보스"가 특별한 이유!

문해력보스는 일반적인 문해력 책과 다릅니다.
이 책은 "글 문해력과 디지털 문해력을 함께 기르는 훈련서"입니다.

글에 대한 문해력을 키우는 것만큼 중요한 것은
유튜브, SNS와 같은 디지털 매체에 대한 문해력을 키우는 것입니다.
우리 아이는 디지털 매체가 가득한 세상에 살고 있습니다.
학교나 집에서 태블릿 PC로 수업을 하고,
유튜브를 보며, SNS로 친구들과 소통합니다.
"문해력보스"는 초등 교과와 연계된 다양한 글을 읽고,
이와 관련된 광고, 뉴스, 블로그 등 다양한 형태의 매체를 접하며 훈련합니다.
"문해력보스"는 우리 아이가 세상을 보는 힘을 길러 줍니다.

문해력
보스는?

① 교과서독해
교과와 연계한
다양한 글감을 읽고
글에 대한 문해력을
기릅니다.

② 디지털독해
뉴스, 블로그 등
다양한 매체를 접하며
디지털 문해력을
기릅니다.

③ 어휘 학습
문해력의 기초가 되는
어휘를 풍부하게
익힙니다.

# 문해력보스

## 구성과 특징

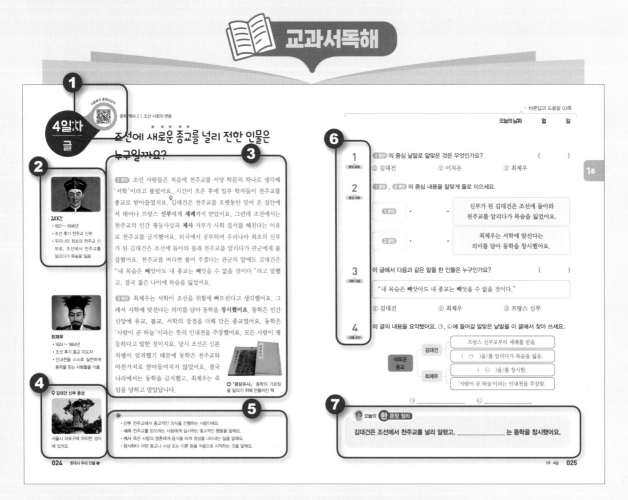

① **지문분석 동영상강의** 어려울 수 있는 교과서 지문을 선생님이 친절하게 설명해 줍니다.

② **인물 정보** 인물의 특징이 담긴 그림 또는 사진으로 흥미를 이끌어 냅니다.

③ **교과서 지문** 초·중등 교과서에 나오는 인물 이야기를 읽고 교과 지식을 쌓습니다.

④ **보충 설명** 교과서 지문을 이해하는 데 참고할 배경지식을 함께 학습합니다.

⑤ **어휘 풀이** 사전을 찾아보지 않고 바로바로 어휘의 뜻을 확인합니다.

⑥ **문해력을 기르는 문제** 중심 낱말, 중심 내용, 세부 내용, 내용 추론, 내용 요약, 어휘 표현의 6가지 문제 유형을 골고루 풀어 보며 자연스럽게 문해력을 기릅니다.

⑦ **오늘의 한 문장 정리** 교과서 지문에서 배운 내용을 한 문장으로 정리하는 연습을 합니다.

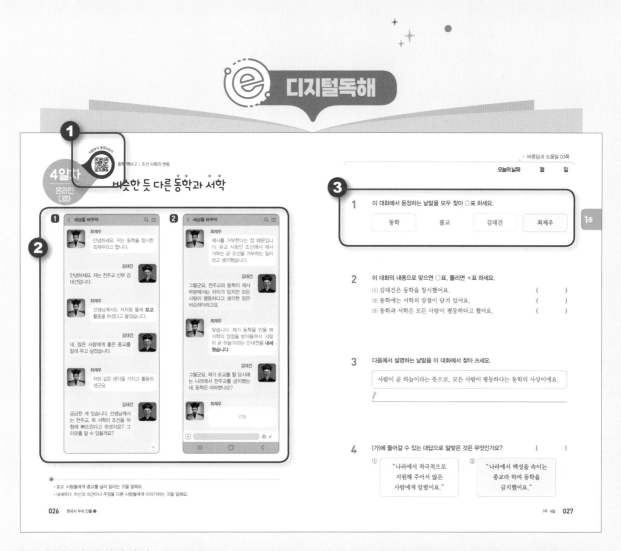

**❶ 지문분석 동영상강의** 일상생활에서 접할 수 있는 다양한 디지털 매체의 종류와 읽는 방법을 알려 줍니다.

**❷ 디지털 매체 지문** 교과서독해에서 학습한 주제를 뉴스, 블로그 등 다양한 디지털 매체 지문으로 나타냈습니다.

**❸ 문해력을 기르는 문제** 디지털 매체 지문을 제대로 이해하였는지 점검하며 디지털 문해력을 기릅니다.

## 디지털 매체 지문 보기

온라인대화(위) 웹툰(아래)

뉴스

블로그

백과사전

# 문해력보스
## 구성과특징

### 어휘 정리

1~5일 지문에서 나온 중요 어휘를 정리해 보세요.

오늘의 날짜    월    일

1주

**1  밑줄 친 낱말의 뜻을 알맞게 줄로 이으세요.**

| | |
|---|---|
| 최제우는 동학을 창시했어요. | 나라의 일을 맡아 다스리는 자리 |
| 박지원은 벼슬에 관심이 없었어요. | 나라의 살림이 넉넉하고 군사력이 강하다. |
| 김대건은 프랑스 신부에게 세례를 받았어요. | 나라와 나라 사이에 서로 물건을 사고파는 일 |
| 정약용은 전라남도 강진으로 유배를 갔어요. | 천주교를 믿으려는 사람에게 실시하는 종교적인 행동 |
| 박제가는 조선을 부강한 나라로 만들고 싶었어요. | 어떤 종교나 사상 또는 이론 등을 처음으로 시작하다. |
| 흥선 대원군은 서양 세력의 통상 요구를 거절했어요. | 잘못을 저지른 사람을 강제로 먼 지역에 보내 살게 하는 벌 |

**2  밑줄 친 낱말과 뜻이 비슷한 낱말을 〈보기〉에서 찾아 빈칸에 쓰세요.**

〈보기〉  관직    이용하다    주장하다    포교하다    디자인하다

(1) 정약용은 수원 화성을 설계했어요. _____

(2) 최제우는 몰래 백성들에게 동학을 전도했어요. _____

(3) 최제우는 모든 사람은 평등하다고 역설했어요. _____

(4) 흥선 대원군은 경복궁 공사에 백성들을 동원했어요. _____

(5) 세도 정치 시기에는 공직을 돈으로 사고파는 것이 가능했어요. _____

**3  다음 문장의 밑줄 친 낱말을 바르게 고쳐 빈칸에 쓰세요.**

(1) 박지원은 화폐 사용의 필요성을 주장했어요. _____

(2) 흥선 대원군은 안동 김씨 세력을 쫓아냈어요. _____

(3) 천주교를 믿는 사람들은 제사를 지내지 않았어요. _____

(4) 정조는 붕당에 상관없이 신하들을 골고루 등용했어요. _____

(5) 정조는 일부 상인들이 누리던 특별한 권리를 폐지했어요. _____

한 주간 배운 중요 어휘를 문제를 풀어 보며 확인합니다.

- **1번**에서는 앞에서 배운 어휘의 뜻을 알맞게 연결합니다.
- **2번**에서는 뜻이 서로 비슷한 어휘를 알아봅니다.
- **3번**에서는 맞춤법에 맞는 어휘를 확인합니다.

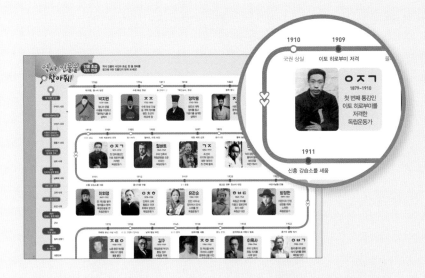

## 인물 초성 퀴즈 연표

연표를 따라가며 인물의 사진과 초성, 한 줄 정리를 통해 각 권에서 배운 중요 인물의 이름을 맞혀 봅니다.

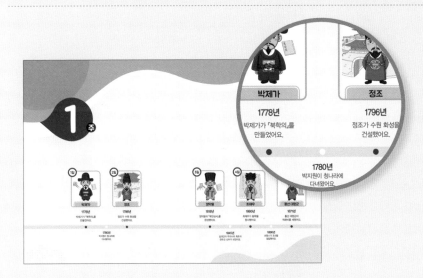

## 미리 보는 주별 학습

연표를 따라가며 해당 주에 만날 인물의 이름과 살았던 때, 활동을 살펴봅니다.

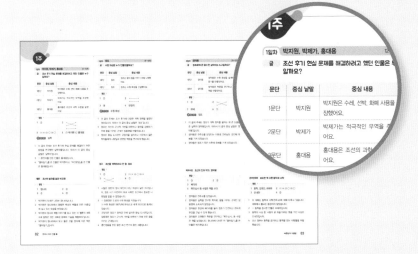

## 바른답과 도움말

문제를 풀고 난 후 바른답과 도움말을 통해 혼자서도 쉽게 공부할 수 있습니다.

# 문해력보스 한국사 우리 인물 ❶, ❷권 주제 살펴보기

# 공부 습관을 만드는 스스로 학습 계획표

매일 공부를 마친 후, 공부한 날과 목표 달성도를 채워 보세요.

| 진도 | | 유형 | 주제 | 쪽수 | 공부한 날 | | 목표 달성도 |
|---|---|---|---|---|---|---|---|
| **1주** | 1일 | 글 | 조선 후기 현실 문제를 해결하려고 했던 인물은 누구일까요? | 12~15쪽 | 월 | 일 | ♡♡♡ |
| | | 웹툰 | 조선의 발전을 꿈꾼 박지원 | | | | |
| | 2일 | 글 | 수원 화성은 누가 만들었을까요? | 16~19쪽 | 월 | 일 | ♡♡♡ |
| | | 광고 | 조선을 개혁하려고 한 왕, 정조 | | | | |
| | 3일 | 글 | 정조에게 큰 힘이 된 실학자는 누구일까요? | 20~23쪽 | 월 | 일 | ♡♡♡ |
| | | 백과사전 | 조선의 천재 학자, 정약용 | | | | |
| | 4일 | 글 | 조선에 새로운 종교를 널리 전한 인물은 누구일까요? | 24~27쪽 | 월 | 일 | ♡♡♡ |
| | | 온라인대화 | 비슷한 듯 다른 동학과 서학 | | | | |
| | 5일 | 글 | 왕을 대신해 나라를 다스린 인물은 누구일까요? | 28~31쪽 | 월 | 일 | ♡♡♡ |
| | | 방송토론 | 두 얼굴의 남자, 흥선 대원군 | | | | |
| | 특별학습 | 1주 정리 | 어휘 정리 | | | | |
| **2주** | 1일 | 글 | 완전히 새로운 조선을 만들려고 했던 개화파 인물은 누구일까요? | 36~39쪽 | 월 | 일 | ♡♡♡ |
| | | 뉴스 | 갑신정변에 대한 백성들의 생각 | | | | |
| | 2일 | 글 | 동학 농민군을 이끈 지도자는 누구일까요? | 40~43쪽 | 월 | 일 | ♡♡♡ |
| | | 인터뷰 | 녹두 장군, 전봉준 이야기 | | | | |
| | 3일 | 글 | 왕에서 황제가 된 인물은 누구일까요? | 44~47쪽 | 월 | 일 | ♡♡♡ |
| | | 방송프로그램 | 우리 역사 속 첫 번째 황제, 고종 | | | | |
| | 4일 | 글 | 외국인도 독립운동을 했을까요? | 48~51쪽 | 월 | 일 | ♡♡♡ |
| | | 광고 | 한국인보다 한국을 더 사랑한 헐버트 | | | | |
| | 5일 | 글 | 누가 이토 히로부미를 저격했을까요? | 52~55쪽 | 월 | 일 | ♡♡♡ |
| | | 웹툰 | 안중근, 죽을 각오로 총을 쏘다 | | | | |
| | 특별학습 | 2주 정리 | 어휘 정리 | | | | |
| **3주** | 1일 | 글 | 전 재산을 팔아 독립운동을 한 인물은 누구일까요? | 62~65쪽 | 월 | 일 | ♡♡♡ |
| | | 온라인박물관 | 부자의 품격을 보여 준 이회영 | | | | |
| | 2일 | 글 | 독립을 위해 인재를 기른 인물은 누구일까요? | 66~69쪽 | 월 | 일 | ♡♡♡ |
| | | 방송프로그램 | 우리 민족의 영원한 스승, 안창호 | | | | |
| | 3일 | 글 | 일제에 맞서 싸운 여성 독립운동가는 누구일까요? | 70~73쪽 | 월 | 일 | ♡♡♡ |
| | | 블로그 | 유관순, 형무소에서 만세를 외치다 | | | | |
| | 4일 | 글 | 1920년대 일본군과의 전투를 승리로 이끈 인물은 누구일까요? | 74~77쪽 | 월 | 일 | ♡♡♡ |
| | | 온라인대화 | 독립군 부대, 일본군에 맞서 싸우다 | | | | |
| | 5일 | 글 | 어린이날을 만든 인물은 누구일까요? | 78~81쪽 | 월 | 일 | ♡♡♡ |
| | | 인터뷰 | 방정환이 평생을 바친 일 | | | | |
| | 특별학습 | 3주 정리 | 어휘 정리 | | | | |
| **4주** | 1일 | 글 | 일본군을 향해 폭탄을 던진 인물은 누구일까요? | 86~89쪽 | 월 | 일 | ♡♡♡ |
| | | 시나리오 | 두 남자의 시계 이야기 | | | | |
| | 2일 | 글 | 시를 써서 독립에 대한 의지와 열망을 드러낸 인물은 누구일까요? | 90~93쪽 | 월 | 일 | ♡♡♡ |
| | | 웹툰 | 이육사, 자신의 삶을 돌아보다 | | | | |
| | 3일 | 글 | 전 재산을 바쳐 우리 문화유산을 지킨 인물은 누구일까요? | 94~97쪽 | 월 | 일 | ♡♡♡ |
| | | 광고 | 문화유산만 알았던 바보 부자, 전형필 | | | | |
| | 4일 | 글 | 비슷하지만 다른 삶을 살았던 두 명의 독립운동가는 누구일까요? | 98~101쪽 | 월 | 일 | ♡♡♡ |
| | | 인터뷰 | 우리 민족의 지도자, 김구 | | | | |
| | 5일 | 글 | 자신의 몸에 불을 붙여 시위를 한 인물은 누구일까요? | 102~105쪽 | 월 | 일 | ♡♡♡ |
| | | 초대장 | 아름다운 불꽃 청년, 전태일 | | | | |
| | 특별학습 | 4주 정리 | 어휘 정리 | | | | |

**주**

**1일**

**박제가**

1778년

박제가가 『북학의』를
만들었어요.

**2일**

**정조**

1796년

정조가 수원 화성을
건설했어요.

1780년
박지원이 청나라에
다녀왔어요.

연표를 따라가며 1주차에 만날 인물의
**이름과 살았던 때, 활동을 살펴보세요.**

**3일**

**정약용**

**1818년**

정약용이 『목민심서』를
완성했어요.

**4일**

**최제우**

**1860년**

최제우가 동학을
창시했어요.

**5일**

**흥선 대원군**

**1871년**

흥선 대원군이
척화비를 세웠어요.

**1845년**
김대건이 우리나라 최초의
천주교 신부가 되었어요.

**1866년**
프랑스가 조선을
침입했어요.

# 조선 후기 현실 문제를 해결하려고 했던 인물은 누구일까요?

**박지원**
- 1737 ~ 1805년
- 조선 후기 실학자, 소설가
- 청나라 문물을 받아들일 것을 주장했고, 『열하일기』, 『양반전』 등을 썼음.

**1문단** 박지원, 박제가, 홍대용은 청나라의 발전한 모습을 받아들여 조선의 현실 문제를 해결하려고 했던 **실학자**였어요. 박지원은 양반 집안에서 태어났지만 **벼슬**에는 관심이 없었고, 젊은 지식인들과 어울리며 이야기하는 것을 좋아했어요. 그러다 청나라에 간 박지원은 그곳의 새로운 문화와 기술을 보고 크게 놀랐어요. 그리고 조선으로 돌아와 청나라에서 보고 들은 내용을 정리해 『열하일기』라는 책을 썼어요. 박지원은 이 책에서 수레와 선박을 이용하고 화폐를 사용해야 한다고 주장했어요.

**2문단** 박제가는 청나라에 사신으로 자주 갔고, 그곳의 새로운 문화와 기술을 구경하며 청나라의 학자들과 교류했어요. 박제가는 조선이 청나라로부터 받아들여야 할 점을 정리해 『북학의』라는 책을 썼어요. 그는 이 책에서 청나라의 수레와 농기구 등 편리한 기구를 들여오고, 다른 나라와 적극적으로 무역을 하여 조선을 **부강한** 나라로 만들어야 한다고 주장했어요.

**박제가**
- 1750 ~ 1805년
- 조선 후기 실학자
- 청나라 문물 수용을 주장함.

**3문단** 과학에 관심이 많았던 홍대용은 하늘을 관측할 수 있는 도구인 혼천의를 만들었어요. 이후 청나라에 사신으로 방문해 다양한 문물을 살펴보고 천문 기구의 사용법을 배웠지요. 그리고는 조선에 돌아와 『의산문답』이라는 책을 썼어요. 그는 이 책에서 지구는 둥글고 스스로 돈다고 주장했어요. 홍대용의 『의산문답』 덕분에 조선의 과학 수준이 한 단계 높아질 수 있었어요.

**홍대용**
- 1731 ~ 1783년
- 조선 후기 실학자, 과학자
- 청나라와 서양 여러 나라의 문물을 받아들여야 한다고 주장함.

- **실학자** 실생활에 도움이 되는 학문을 연구한 학자예요.
- **벼슬** 나라의 일을 맡아 다스리는 자리를 말해요.
- **부강하다** 나라의 살림이 넉넉하고 군사력이 강함을 뜻해요.

오늘의 날짜        월        일

1주

**1**

중심 낱말

이 글의 중심 낱말로 알맞은 것은 무엇인가요?          (          )

① 과학자                    ② 실학자                    ③ 역사학자

**2**

중심 내용

1 문단 , 2 문단 , 3 문단 의 중심 내용을 알맞게 줄로 이으세요.

| 1 문단 | • | | • | 박제가는 적극적인 무역을 주장했어요. |
| 2 문단 | • | | • | 박지원은 수레, 선박, 화폐 사용을 주장했어요. |
| 3 문단 | • | | • | 홍대용은 조선의 과학 수준을 높였어요. |

**3**

세부 내용

이 글의 내용으로 맞으면 ○표, 틀리면 ×표 하세요.

⑴ 박제가는 혼천의를 만들었어요.                    (          )

⑵ 박지원은 벼슬에 관심이 없었어요.                  (          )

⑶ 홍대용은 지구가 둥글다고 주장했어요.              (          )

**4**

내용 요약

이 글의 내용을 요약했어요. ㉠, ㉡에 들어갈 알맞은 낱말을 이 글에서 찾아 쓰세요.

```
                        실학자
        ┌─────────────────┼─────────────────┐
        ㉠               박제가               ㉡
```

| 청나라에서 보고 들은 내용을 정리해 『열하일기』를 썼음. | 조선이 청나라에서 받아들여야 할 내용을 모아 『북학의』를 썼음. | 지구는 둥글고 스스로 돈다는 주장을 담은 『의산문답』을 썼음. |

㉠ _____          ㉡ _____

 오늘의 **한** 문장 정리

조선 후기 _____ 자인 박지원, 박제가, 홍대용은 현실 문제를 해결하려고
노력했어요.

# 1일차
## 웹툰

### 조선의 발전을 꿈꾼 박지원

박지원, 　　　　　(가)　　　　　

드디어 청나라에 가게 된 박지원은
청나라의 거리를 보고 매우 놀라게 되는데 …….

• 두리번거리다 눈을 크게 뜨고 여기저기를 살피는 것을 말해요.

**1**  이 웹툰에서 박지원이 간 나라를 골라 ○표 하세요.

| 명나라 | 원나라 | 청나라 |
|---|---|---|

**2**  이 웹툰에서 박지원이 본 것으로 알맞지 <u>않은</u> 것은 무엇인가요?      (          )

① 바퀴가 달린 수레

② 흙과 볏짚으로 만든 초가집

③ 많은 사람이 탈 수 있는 큰 배

**3**  (가)에 들어갈 이 웹툰의 제목으로 알맞은 것은 무엇인가요?      (          )

① 화포로 일본군을 물리치다

② 새로운 문화와 기술을 체험하다

③ 나라를 되찾기 위해 독립운동을 하다

**4**  장면 **6** 에서 박지원이 쓴 책으로 알맞은 것은 무엇인가요?      (          )

①
🔺 북학의

②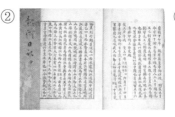
🔺 열하일기

③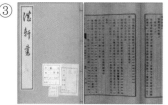
🔺 의산문답

지문분석 동영상강의

## 2일차 글

# 수원 화성은 누가 만들었을까요?

**정조**
• 1752 ～ 1800년
• 조선의 제22대 왕
• 조선 후기에 개혁 정책을 펼쳐 왕권을 강화하고, 문화를 발전시킴.

**규장각**

규장각은 세종 때의 집현전과 마찬가지로 나라의 정책과 학문을 연구하는 기관이에요. 정조는 왕권 강화를 위해 궁궐에 규장각을 설치했으며, 이를 통해 많은 인재를 등용했어요.

**수원 화성**

수원 화성 안에는 임금이 머무르는 궁궐과 백성들이 사는 집, 성을 가로지르는 하천이 조화롭게 자리 잡고 있어요.

1 문단 정조는 신하들 사이의 다툼에 휘말려 죽음을 맞은 **사도 세자**의 아들로, 많은 어려움을 겪으며 왕이 되었어요. 그래서 정조는 자신을 도울 사람들을 뽑아 왕의 힘을 키우려 했어요. 할아버지 영조의 탕평책을 이어받아 **붕당**에 상관없이 신하들을 골고루 등용했어요. 그리고 **서얼** 출신이라도 능력이 뛰어나면 중요한 나랏일을 맡을 수 있게 해 주었지요. 정조는 왕권을 강화하기 위해 여러 가지 노력을 했어요. 왕실 도서관인 규장각을 설치하고, 이곳에서 젊은 학자들에게 나랏일과 관련된 학문을 연구하게 했어요. 또 왕을 지키는 군대인 장용영도 만들어 신하들이 자신을 함부로 넘보지 못하도록 군사적 기반을 마련했답니다.

2 문단 한편 정조는 왕이 되지 못하고 죽임을 당한 아버지 사도 세자의 묘를 **명당**인 수원으로 옮겼어요. 그리고는 수원을 군사와 상업의 새로운 중심지로 만들기 위해 화성을 건설했지요. 정조의 정치적 꿈이 담긴 수원 화성은 당시의 뛰어난 학자들이 건설에 참여했고, 실학의 영향을 받은 과학적인 기구와 발달된 기술로 만들어졌어요. 수원 화성은 우수한 건축·과학 기술과 아름다움을 인정받아 1997년에 유네스코 세계 유산으로 등재되었답니다. 이렇듯 정조는 정치, 군사, 문화 등 여러 방면에서 조선을 발전시킨 임금이었어요.

• 사도 세자 영조의 아들이자 정조의 아버지로 나무 상자에 갇혀 죽음을 맞았어요.
• 붕당 학문이나 정치적으로 생각을 같이하는 사람들이 모여 만든 집단이에요.
• 서얼 양반의 정식 부인이 아닌 여성이 낳은 자식을 말해요.
• 명당 땅의 기운이 좋아 좋은 일이 많이 생기는 자리를 말해요.

오늘의날짜　　　월　　　일

**1**
중심 낱말

이 글의 중심 낱말로 알맞은 것은 무엇인가요?　　　　　　　　（　　　　　）

① 영조　　　　　　　　② 정조　　　　　　　　③ 사도 세자

**2**
중심 내용

1문단 , 2문단 의 중심 내용을 알맞게 줄로 이으세요.

1문단 ・　　　　　　・ 정조는 왕의 힘을 키우기 위해 노력했어요.

2문단 ・　　　　　　・ 정조는 수원 화성을 건설했어요.

**3**
내용 추론

정조가 장용영을 만든 까닭으로 알맞은 것은 무엇인가요?　　　（　　　　　）

① 학문을 연구하기 위해서
② 수원 화성을 짓기 위해서
③ 왕의 힘을 강화하기 위해서

**4**
내용 요약

이 글의 내용을 요약했어요. 빈칸에 들어갈 알맞은 낱말을 〈보기〉에서 골라 쓰세요.

〈보기〉
규장각
창덕궁
남한산성

**정조의 개혁 정책**
• 영조의 뜻을 이어 탕평책을 실시함.
• 왕실 도서관인 _____ 을 설치함.
• 왕을 지키는 군대인 장용영을 만듦.
• 수원 화성을 건설함.

 오늘의  문장 정리

_____ 에는 정조의 정치적 꿈이 담겨 있어요.

**2일차**

광고

지문분석 동영상강의

# 조선을 개혁하려고 한 왕, 정조

영조에 이어 탕평책을 실시한 정조
그의 **개혁 정책**을 소개합니다

**정치** | 왕실 도서관, 규장각 운영

서얼 출신도 인재라면 괜찮아,
규장각은 조선의 지혜 주머니!

**군사** | 왕을 지키는 군대, 장용영 조직

빼어난 무예 실력의 군인들,
**도성**과 수원 화성의 지킴이!

**경제** | 상업 발전의 **발판**, 누구나 장사 가능

일부 상인들만의 특별한 권리 **폐지**,
너도나도 자유롭게 장사하세!

**문화** | 새로운 중심지, 수원 화성 건설

튼튼하고 아름다운 성곽,
유네스코에서 인정한 우리나라의 문화유산!

- **도성** 수도를 둘러쌓은 성곽과 문을 말해요.
- **발판** 어떤 목적을 이루기 위한 기초를 말해요.
- **폐지** 실시해 오던 법을 없애거나 일을 그만두는 것을 말해요.

오늘의 날짜        월        일

**1** 정조 때부터 중요한 나랏일을 맡을 수 있었던 신분은 무엇인가요?        (        )

① 노비                    ② 서얼                    ③ 양반

**2** 이 광고의 내용으로 맞으면 ○표, 틀리면 ×표 하세요.

(1) 장용영은 도성과 남한산성을 지켰어요.        (        )

(2) 정조는 일부 상인의 특별한 권리를 폐지했어요.        (        )

(3) 수원 화성은 유네스코로부터 인정받지 못했어요.        (        )

**3** 다음 낱말에 대한 설명을 알맞게 줄로 이으세요.

규장각  ·                            ·  왕을 지키는 군대

장용영  ·                            ·  왕실 도서관

**4** 이 광고에 추가할 수 있는 내용으로 알맞은 것은 무엇인가요?        (        )

①

**탕탕평평, 탕평책 실시**
능력에 따른 인재 등용,
왕의 힘도 더욱 쑥쑥!

②

**우리글, 한글 완성**
왕이 직접 만든 훈민정음,
백성을 가르치는 바른 소리!

# 3일차
## 글

지문분석 동영상강의

# 정조에게 큰 힘이 된 실학자는 누구일까요?

**정약용**
- 1762 ~ 1836년
- 조선 후기 실학자
- 수원 화성을 설계하고, 다양한 사회 개혁 방안을 담은 책을 씀.

1문단 정약용은 백성이 잘사는 나라를 만들기 위해 노력한 조선 후기 실학자예요. 정조가 개혁 정치를 펼치는 데 큰 도움을 준 사람이기도 하지요. 정약용은 정조의 명령을 **받들어** 한강에 배다리를 만들었어요. 배다리 덕분에 정조는 안전하고 편하게 한강을 건너 아버지 사도 세자의 묘가 있는 수원에 다녀올 수 있게 되었어요. 이후 정조의 꿈이 담긴 수원 화성을 **설계하고**, **거중기**를 만들어 수원 화성을 쌓았어요. 거중기의 사용은 수원 화성의 공사 비용과 기간을 줄일 수 있게 했지요.

△ 거중기

2문단 정약용은 정조의 갑작스러운 죽음 이후에 천주교를 믿었다는 이유로 남쪽 지역에 **유배**를 가게 되었어요. 당시 나라에서는 천주교를 유교의 가르침에 어긋나는 나쁜 학문으로 여겼거든요. 정약용은 다산 초당에서 유배 생활을 하며 학문을 연구하고 제자들을 길러 냈어요. 그는 오랫동안 학문을 연구해 얻은 지식을 바탕으로 현실 문제를 해결하고 싶어 했지요. 이러한 생각을 담아『목민심서』 등 수많은 책을 만들었어요.『목민심서』는 지방의 관리가 백성들을 잘 다스리기 위해 지켜야 할 내용을 담은 책이에요. 이 책을 통해 조선이 백성이 잘사는 나라가 되기를 바랐던 정약용의 마음을 알 수 있답니다.

📍 **다산 초당**

정약용이 유배 생활을 했던 곳으로, 전라남도 강진에 있어요. 차나무가 많았던 산인 다산에 있어 붙여진 이름이에요. 정약용의 호인 다산도 여기서 따왔어요.

- **받들다** 다른 사람의 가르침이나 명령을 따르는 것을 말해요.
- **설계하다** 건축물이나 기계를 만들기 위한 계획을 그림으로 표현하는 것을 말해요.
- **거중기** 적은 힘으로도 무거운 물건을 쉽게 들어 올릴 수 있는 기구예요.
- **유배** 잘못을 저지른 사람을 강제로 먼 지역에 보내 살게 하는 벌이에요.

**1** 이 글의 중심 낱말로 알맞은 것은 무엇인가요? 　　　(　　　　)

중심 낱말

① 장영실 ② 정약용 ③ 정약전

**2** 1문단 , 2문단 의 중심 내용을 알맞게 줄로 이으세요.

중심 내용

1문단 ·

· 정약용은 학문을 연구하고
수많은 책을 만들었어요.

2문단 ·

· 정약용은 수원 화성을 설계하고
거중기를 만들었어요.

**3** 다음 빈칸에 들어갈 알맞은 낱말을 이 글에서 찾아 쓰세요.

어휘 표현

정약용은 천주교를 믿었다는 이유로 ＿＿＿＿＿＿＿을/를 가게 되었어요.

**4** 이 글의 내용으로 알맞지 <u>않은</u> 것은 무엇인가요? 　　　(　　　　)

세부 내용

① 정약용은 정조가 죽기 전에 유배를 갔어요.
② 정약용은 유배 생활 중 수많은 책을 만들었어요.
③ 정약용의 거중기는 수원 화성 건설에 이용되었어요.

 오늘의 **한** 문장 정리

정약용은 ＿＿＿＿＿＿＿가 개혁 정치를 펼치는 데 큰 도움을 주었어요.

**3일차**
백과사전

# 조선의 천재 학자, 정약용

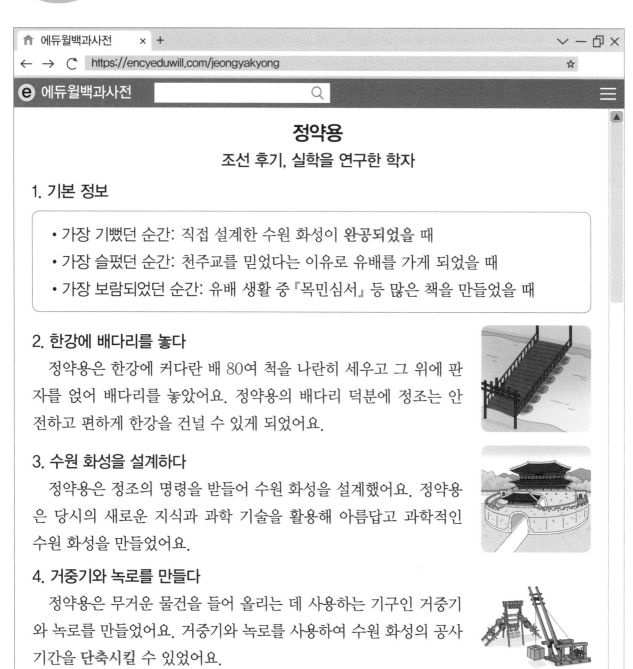

에듀윌백과사전

https://encyeduwill.com/jeongyakyong

ⓔ 에듀윌백과사전

## 정약용
조선 후기, 실학을 연구한 학자

### 1. 기본 정보

- 가장 기뻤던 순간: 직접 설계한 수원 화성이 **완공되었을** 때
- 가장 슬펐던 순간: 천주교를 믿었다는 이유로 유배를 가게 되었을 때
- 가장 보람되었던 순간: 유배 생활 중 『목민심서』 등 많은 책을 만들었을 때

### 2. 한강에 배다리를 놓다

정약용은 한강에 커다란 배 80여 척을 나란히 세우고 그 위에 판자를 얹어 배다리를 놓았어요. 정약용의 배다리 덕분에 정조는 안전하고 편하게 한강을 건널 수 있게 되었어요.

### 3. 수원 화성을 설계하다

정약용은 정조의 명령을 받들어 수원 화성을 설계했어요. 정약용은 당시의 새로운 지식과 과학 기술을 활용해 아름답고 과학적인 수원 화성을 만들었어요.

### 4. 거중기와 녹로를 만들다

정약용은 무거운 물건을 들어 올리는 데 사용하는 기구인 거중기와 녹로를 만들었어요. 거중기와 녹로를 사용하여 수원 화성의 공사 기간을 **단축시킬** 수 있었어요.

---

- 완공되다 공사가 완전히 다 이루어지는 것을 말해요.
- 단축하다 시간이나 거리를 짧게 줄이는 것을 말해요.

**1** 정약용이 믿었던 종교는 무엇인가요?                        (         )

① 동학                    ② 불교                    ③ 천주교

**2** 이 백과사전의 내용으로 알맞지 <u>않은</u> 것은 무엇인가요?            (         )

① 정약용은 거중기를 만들었어요.

② 정약용은 수원 화성을 설계했어요.

③ 정약용은 장용영을 이끄는 대장이었어요.

**3** 다음 빈칸에 들어갈 알맞은 낱말을 이 백과사전에서 찾아 쓰세요.

정약용은 한강에 _____ 을/를 놓아 정조가 안전하고

편하게 한강을 건널 수 있게 했어요.

**4** 이 백과사전에 추가할 수 있는 내용으로 알맞은 것을 골라 ○표 하세요.

목민심서 등
수많은 책을 쓰다

청나라에 다녀온 뒤
열하일기를 쓰다

# 4일차
글

## 조선에 새로운 종교를 널리 전한 인물은 누구일까요?

**김대건**
- 1821 ~ 1846년
- 조선 후기 천주교 신부
- 우리나라 최초의 천주교 신부로, 조선에서 천주교를 알리다가 목숨을 잃음.

**1 문단** 조선 사람들은 처음에 천주교를 서양 학문의 하나로 생각해 '서학'이라고 불렀어요. 시간이 흐른 후에 일부 학자들이 천주교를 종교로 받아들였지요. 김대건은 천주교를 오랫동안 믿어 온 집안에서 태어나 프랑스 **신부**에게 **세례**까지 받았어요. 그런데 조선에서는 천주교의 인간 평등사상과 **제사** 거부가 사회 질서를 해친다는 이유로 천주교를 금지했어요. 외국에서 공부하며 우리나라 최초의 신부가 된 김대건은 조선에 돌아와 몰래 천주교를 알리다가 관군에게 붙잡혔어요. 천주교를 버리면 풀어 주겠다는 관군의 말에도 김대건은 "내 목숨은 빼앗아도 내 종교는 빼앗을 수 없을 것이다."라고 말했고, 결국 젊은 나이에 목숨을 잃었어요.

**최제우**
- 1824 ~ 1864년
- 조선 후기 종교 지도자
- 인내천을 스스로 실천하며 동학을 믿는 사람들을 이끎.

**2 문단** 최제우는 서학이 조선을 위험에 빠뜨린다고 생각했어요. 그래서 서학에 맞선다는 의미를 담아 동학을 **창시했어요**. 동학은 민간 신앙에 유교, 불교, 서학의 장점을 더해 만든 종교였어요. 동학은 '사람이 곧 하늘'이라는 뜻의 인내천을 주장했어요. 모든 사람이 평등하다고 말한 것이지요. 당시 조선은 신분 차별이 엄격했기 때문에 동학은 천주교와 마찬가지로 받아들여지지 않았어요. 결국 나라에서는 동학을 금지했고, 최제우는 죽임을 당하고 말았답니다.

🔺 『용담유사』 동학의 가르침을 알리기 위해 만들어진 책

**📍 김대건 신부 동상**

서울시 마포구에 위치한 성지에 있어요.

- 신부 천주교에서 종교적인 의식을 진행하는 사람이에요.
- 세례 천주교를 믿으려는 사람에게 실시하는 종교적인 행동을 말해요.
- 제사 죽은 사람의 영혼에게 음식을 바쳐 정성을 나타내는 일을 말해요.
- 창시하다 어떤 종교나 사상 또는 이론 등을 처음으로 시작하는 것을 말해요.

**1**

중심 낱말

2 문단 의 중심 낱말로 알맞은 것은 무엇인가요?                    (        )

① 김대건            ② 이차돈            ③ 최제우

**2**

중심 내용

1 문단 , 2 문단 의 중심 내용을 알맞게 줄로 이으세요.

1 문단     •

•   신부가 된 김대건은 조선에 돌아와
   천주교를 알리다가 목숨을 잃었어요.

2 문단     •

•   최제우는 서학에 맞선다는
   의미를 담아 동학을 창시했어요.

**3**

세부 내용

이 글에서 다음과 같은 말을 한 인물은 누구인가요?                    (        )

"내 목숨은 빼앗아도 내 종교는 빼앗을 수 없을 것이다."

① 김대건            ② 최제우            ③ 프랑스 신부

**4**

내용 요약

이 글의 내용을 요약했어요. ㉠, ㉡에 들어갈 알맞은 낱말을 이 글에서 찾아 쓰세요.

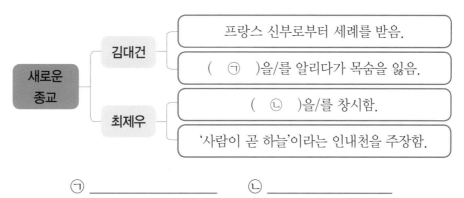

새로운
종교

김대건 ─ 프랑스 신부로부터 세례를 받음.
       ─ (  ㉠  )을/를 알리다가 목숨을 잃음.

최제우 ─ (  ㉡  )을/를 창시함.
       ─ '사람이 곧 하늘'이라는 인내천을 주장함.

㉠ _____        ㉡ _____

 오늘의 **한** 문장 정리

김대건은 조선에서 천주교를 널리 알렸고, _____ 는 동학을 창시했어요.

# 비슷한 듯 다른 동학과 서학

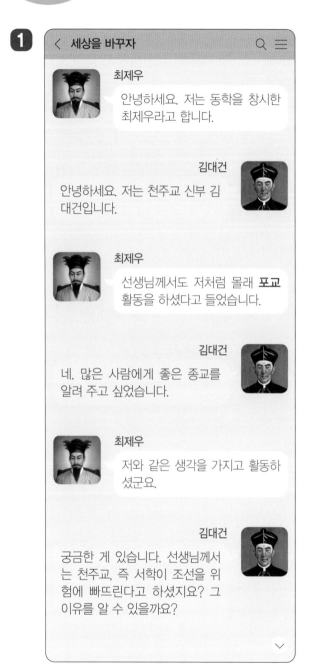

**1**

< 세상을 바꾸자

최제우
안녕하세요. 저는 동학을 창시한 최제우라고 합니다.

김대건
안녕하세요. 저는 천주교 신부 김대건입니다.

최제우
선생님께서도 저처럼 몰래 **포교** 활동을 하셨다고 들었습니다.

김대건
네, 많은 사람에게 좋은 종교를 알려 주고 싶었습니다.

최제우
저와 같은 생각을 가지고 활동하셨군요.

김대건
궁금한 게 있습니다. 선생님께서는 천주교, 즉 서학이 조선을 위험에 빠뜨린다고 하셨지요? 그 이유를 알 수 있을까요?

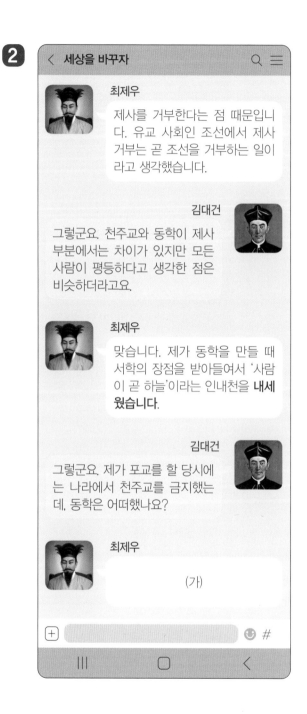

**2**

< 세상을 바꾸자

최제우
제사를 거부한다는 점 때문입니다. 유교 사회인 조선에서 제사 거부는 곧 조선을 거부하는 일이라고 생각했습니다.

김대건
그렇군요. 천주교와 동학이 제사 부분에서는 차이가 있지만 모든 사람이 평등하다고 생각한 점은 비슷하더라고요.

최제우
맞습니다. 제가 동학을 만들 때 서학의 장점을 받아들여서 '사람이 곧 하늘'이라는 인내천을 **내세웠습니다.**

김대건
그렇군요. 제가 포교를 할 당시에는 나라에서 천주교를 금지했는데, 동학은 어떠했나요?

최제우
(가)

---

- **포교** 사람들에게 종교를 널리 알리는 것을 말해요.
- **내세우다** 자신의 의견이나 주장을 다른 사람들에게 이야기하는 것을 말해요.

**1**　이 대화에서 등장하는 낱말을 모두 찾아 ○표 하세요.

| 동학 | 불교 | 김대건 | 최제우 |
|---|---|---|---|

**2**　이 대화의 내용으로 맞으면 ○표, 틀리면 ×표 하세요.

(1) 김대건은 동학을 창시했어요.　　　　　　　　　　　( 　　　 )

(2) 동학에는 서학의 장점이 담겨 있어요.　　　　　　　( 　　　 )

(3) 동학과 서학은 모든 사람이 평등하다고 했어요.　　　( 　　　 )

**3**　다음에서 설명하는 낱말을 이 대화에서 찾아 쓰세요.

사람이 곧 하늘이라는 뜻으로, 모든 사람이 평등하다는 동학의 사상이에요.

✎ _____

**4**　(가)에 들어갈 수 있는 대답으로 알맞은 것은 무엇인가요?　　　( 　　　 )

① "나라에서 적극적으로 지원해 주어서 많은 사람에게 알렸어요."

② "나라에서 백성을 속이는 종교라 하여 동학을 금지했어요."

## 5일차 글

지문분석 동영상강의

# 왕을 대신해 나라를 다스린 인물은 누구일까요?

**흥선 대원군**
- 1820 ~ 1898년
- 조선 후기 정치인
- 조선의 제26대 왕인 고종의 아버지로, 조선 말에 개혁 정치와 다른 나라와 통상하지 않는 정책을 폄.

**1 문단** 흥선 대원군은 왕이 아니면서, 왕 이상의 권력을 누렸던 인물이에요. 조선의 제25대 왕인 철종이 자식 없이 죽자, 흥선군 이하응의 둘째 아들이 왕(고종)의 자리에 올랐어요. 그러자 흥선군이 '대원군'이 되었어요. 대원군은 왕의 아버지를 높여 부르는 말이에요. 나이가 어린 고종 대신 권력을 잡은 흥선 대원군은 **세도 정치**로 약해진 왕권을 강화하고자 했어요. 그래서 나라를 어지럽힌 안동 김씨 세력을 쫓아냈어요. 그리고 호포제를 실시해 세금을 내지 않던 양반에게도 세금을 걷었고, 백성들을 괴롭히던 서원을 47개만 남기고 모두 없앴어요. 백성들은 이와 같은 흥선 대원군의 정책들을 지지했어요. 하지만 그는 백성들의 원망을 사기도 했어요. 왕실의 권위를 세우기 위해 임진왜란 때 불탄 경복궁을 다시 지었는데, 이때 세금을 늘리고 **당백전**을 발행해 백성들의 형편이 어려워졌거든요.

**2 문단** 한편 흥선 대원군은 미국, 프랑스 등 서양 세력의 **통상** 요구를 거절했어요. 조선이 통상 요구를 거부하자 프랑스와 미국이 조선을 침입했는데, 조선군은 강력하게 저항하며 이들을 물리쳤어요. 두 차례나 서양 세력의 침입을 물리친 흥선 대원군은 전국 곳곳에 서양 세력이 침입하면 싸우겠다는 글을 새긴 척화비를 세워 서양과 통상하지 않겠다는 뜻을 **굳건히** 했답니다.

○ **척화비**

"서양 세력이 침입했는데 싸우지 않는 것은 곧 나라를 팔아먹는 것이다."라는 내용의 글이 새겨져 있어요.

- **세도 정치** 왕실 사람과 결혼해 권력을 얻은 가문들이 나랏일을 독차지하는 정치를 말해요.
- **당백전** 당시 사용하던 화폐인 상평통보의 약 100배나 되는 가치를 가진 화폐예요.
- **통상** 나라와 나라 사이에 서로 물건을 사고파는 일을 말해요.
- **굳건히** 생각한 것을 굽히지 않고 밀고 나가는 것을 말해요.

오늘의 날짜          월          일

**1** 이 글의 중심 낱말로 알맞은 것은 무엇인가요?                    (          )

① 고종                    ② 철종                    ③ 흥선 대원군

**2** 1문단 , 2문단 의 중심 내용을 알맞게 줄로 이으세요.

중심 내용

1문단  •

•  흥선 대원군은 약해진 왕권을
강화하기 위해 노력했어요.

2문단  •

•  흥선 대원군은 서양 세력의
통상 요구를 거절했어요.

**3** 백성들의 지지를 받은 흥선 대원군의 정책을 이 글에서 모두 찾아 ○표 하세요.

세부 내용

서원 정리                호포제 실시                경복궁 다시 짓기

**4** 이 글의 내용을 요약했어요. ㉠, ㉡에 들어갈 알맞은 낱말을 이 글에서 찾아 쓰세요.

내용 요약

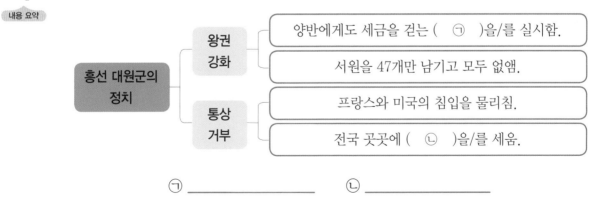

흥선 대원군의
정치

왕권
강화
- 양반에게도 세금을 걷는 (   ㉠   )을/를 실시함.
- 서원을 47개만 남기고 모두 없앰.

통상
거부
- 프랑스와 미국의 침입을 물리침.
- 전국 곳곳에 (   ㉡   )을/를 세움.

㉠ _____          ㉡ _____

 오늘의 **한** 문장 정리

고종을 대신해 나라를 다스린 _____ 은 개혁 정치와 다른 나라와 통상하지
않는 정책을 폈어요.

# 두 얼굴의 남자, 흥선 대원군

흥선대원군,
어떻게 평가할 것인가?

토론회

 안녕하세요. 오늘 토론에서는 '흥선 대원군을 어떻게 평가할 것인가'에 대해 이야기를 나눠 보겠습니다. 한 분씩 말씀해 주세요.

 흥선 대원군은 세도 정치 때문에 혼란했던 조선 사회를 바로잡은 인물입니다. 돈으로 **관직**을 사고 팔며 나라를 어지럽힌 안동 김씨 세력을 몰아냈고, 호포제를 실시해 양반에게도 세금을 거두었습니다. 백성을 괴롭히던 서원도 대부분 정리했지요.

 저는 흥선 대원군의 정책이 자신의 권력을 강화하기 위해서 실시되었다고 생각합니다. 임진왜란 때 불탄 경복궁을 다시 짓는 과정에서 당백전을 발행하고, 백성을 강제로 **동원한** 일은 그의 권력에 대한 욕심을 잘 보여 주는 예입니다.

 프랑스와 미국의 침입을 물리친 흥선 대원군은 서양 세력과 전혀 통상하지 않았습니다. 과연 이러한 정책이 좋은 것이었을까요? 물론 우리 고유의 문화를 계속 지킬 수는 있었지만, 결국에는 조선의 발전을 늦추는 결과를 가져왔다고 생각합니다.

 네, 흥선 대원군에 대한 다양한 평가를 들어 보았습니다. 오늘 토론은 이것으로 마치겠습니다. 감사합니다.

• 관직 관리가 나라로부터 받은 일정한 일을 말해요.
• 동원하다 어떤 목적을 이루기 위해 사람이나 물건, 방법을 모으는 것을 말해요.

**1** 흥선 대원군이 실시한 제도 중 양반에게도 세금을 걷는 제도는 무엇인가요?

(          )

① 골품제                ② 진대법                ③ 호포제

**2** 이 토론의 내용으로 맞으면 ○표, 틀리면 ×표 하세요.

(1) 흥선 대원군은 안동 김씨 세력을 몰아냈어요.              (          )

(2) 흥선 대원군은 전국 곳곳에 서원을 세웠어요.              (          )

(3) 흥선 대원군은 서양 세력과 전혀 통상하지 않았어요.        (          )

**3** 다음 빈칸에 들어갈 알맞은 낱말을 이 토론에서 찾아 쓰세요.

흥선 대원군은 임진왜란 때 불탄 _____ 을/를 다시 짓는 과정에서 백성들의 원망을 샀어요.

**4** 흥선 대원군의 통치 시기에 조선을 침입한 나라를 이 토론에서 모두 찾아 ○표 하세요.

| 미국 | 중국 | 프랑스 |

## 1 밑줄 친 낱말의 뜻을 알맞게 줄로 이으세요.

최제우는 동학을 **창시했어요**. ·

· 나라의 일을 맡아 다스리는 자리

박지원은 **벼슬**에 관심이 없었어요. ·

· 나라의 살림이 넉넉하고 군사력이 강하다.

김대건은 프랑스 신부에게 **세례**를 받았어요. ·

· 나라와 나라 사이에 서로 물건을 사고파는 일

정약용은 전라남도 강진으로 **유배**를 갔어요. ·

· 천주교를 믿으려는 사람에게 실시하는 종교적인 행동

박제가는 조선을 **부강한** 나라로 만들고 싶었어요. ·

· 어떤 종교나 사상 또는 이론 등을 처음으로 시작하다.

흥선 대원군은 서양 세력의 **통상** 요구를 거절했어요. ·

· 잘못을 저지른 사람을 강제로 먼 지역에 보내 살게 하는 벌

**2** 밑줄 친 낱말과 뜻이 비슷한 낱말을 〈보기〉에서 찾아 빈칸에 쓰세요.

―〈보기〉―

| 관직 | 이용하다 | 주장하다 | 포교하다 | 디자인하다 |

(1) 정약용은 수원 화성을 <u>설계했어요</u>.          _____
　　　　　　　　　건축물이나 기계를 만들기 위한 계획을 그림으로 표현하다.

(2) 최제우는 몰래 백성들에게 동학을 <u>전도했어요</u>.          _____
　　　　　　　　　　　　　도리를 세상에 널리 알리다.

(3) 최제우는 모든 사람은 평등하다고 <u>역설했어요</u>.          _____
　　　　　　　　　　　　　자신의 생각을 힘주어 말하다.

(4) 흥선 대원군은 경복궁 공사에 백성들을 <u>동원했어요</u>.          _____
　　　　　　　　　　　　목적을 이루기 위해 사람이나 물건, 방법을 모으다.

(5) 세도 정치 시기에는 <u>공직</u>을 돈으로 사고파는 것이 가능했어요. _____
　　　　　　　　　　국가 기관의 일을 맡아보는 일

**3** 다음 문장의 밑줄 친 낱말을 바르게 고쳐 빈칸에 쓰세요.

(1) 박지원은 <u>화패</u> 사용의 필요성을 주장했어요.          _____

(2) 흥선 대원군은 안동 김씨 세력을 <u>쪼차냈어요</u>.          _____

(3) 천주교를 믿는 사람들은 <u>재사</u>를 지내지 않았어요.          _____

(4) 정조는 붕당에 상관없이 신하들을 골고루 <u>둥용했어요</u>.          _____

(5) 정조는 일부 상인들이 누리던 특별한 권리를 <u>패지했어요</u>.          _____

**2**주

**1일**

**김옥균**

**1884년**

김옥균이 갑신정변을
일으켰어요.

**2일**

**전봉준**

**1894년**

전봉준이 동학 농민 운동을
일으켰어요.

**1895년**

일본이 명성 황후를
죽였어요.

연표를 따라가며 **2주차**에 만날 인물의
**이름과 살았던 때, 활동**을 살펴보세요.

**3일**

고종

**1897년**

고종이 황제로 즉위하고
대한 제국 수립을 선포했어요.

**4일**

헐버트

**1905년**

헐버트가 미국에 특사로
파견되었어요.

**5일**

안중근

**1909년**

안중근이 통감 이토
히로부미를 총으로 쐈어요.

**1905년**
일본이 우리나라의
외교권을 빼앗았어요.

## 1일차 글

지문분석 동영상강의

# 완전히 새로운 조선을 만들려고 했던 개화파 인물은 누구일까요?

**김옥균**
• 1851 ~ 1894년
• 조선 말 정치인
• 조선 말에 서양의 기술을 받아들여 발전한 일본의 모습을 보고 새로운 조선을 만들려고 했으나 실패함.

**1 문단** 김옥균은 조선 말 **개화파**를 대표하는 인물이에요. 그는 일찍이 박규수에게 개화사상을 배우고, 조선이 발전하려면 서양의 기술을 받아들여야 한다고 생각했어요. 그러던 중 김옥균은 일본에 가서 서양의 기술을 받아들여 발달한 모습을 직접 보게 되었어요. 그는 생각했어요. 조선이 강한 나라가 되려면 하루빨리 개혁을 통해 새로운 조선을 만들어야만 한다고 말이지요. 박영효, 서광범, 서재필, 홍영식 등이 김옥균의 뜻을 따랐어요. 이들을 개화당 또는 급진 개화파라고 해요.

**2 문단** "불이야! 불이야!" 김옥균을 비롯한 급진 개화파는 1884년 **우정총국**의 **개국** 축하 잔치를 틈타 **갑신정변**을 일으켰어요. 그들은 잔치에 참석한 관리들을 죽이고 개화당을 중심으로 새로운 정부를 세웠어요. 그리고 개화 정부가 실시할 개혁안을 발표했지요. 그러나 갑신정변은 3일 만에 실패하고 말았어요. 조선 정부의 요청으로 청나라 군대가 들어와 공격했거든요. 또 군대를 보내 급진 개화파를 도와주던 일본이 배신하기도 했고요. 이후 김옥균은 인천으로 피했다가 결국 일본으로 도망갔어요. 일본의 힘을 빌려서라도 하루빨리 새로운 조선을 만들겠다는 김옥균의 꿈은 이렇게 물거품이 되었답니다.

📍 **갑신정변의 주역들**

왼쪽부터 박영효, 서광범, 서재필, 김옥균이에요.

📍 **갑신정변의 개혁안**
급진 개화파가 발표한 개혁안은 청나라에 대한 조공 폐지, 능력에 따른 관리 임명, 세금제도 수정, 나쁜 관리 처벌 등의 내용을 담고 있어요.

• **개화파** 서양의 발달된 기술을 받아들여 강한 나라를 만들자고 주장하는 사람들을 말해요.
• **우정총국** 우리나라 최초의 우편 업무를 담당하던 관청으로, 오늘날의 우체국을 말해요.
• **개국** 방송국이나 우체국이 사무소를 설치해 처음으로 업무를 시작한다는 뜻이에요.
• **갑신정변** 갑신년(1884년)에 일어난 정변(정치적인 큰 변화)이라는 뜻이에요.

**1**

중심 낱말

이 글의 중심 낱말로 알맞은 것은 무엇인가요?          (          )

① 김옥균          ② 박영효          ③ 서광범

**2**

중심 내용

1 문단 , 2 문단 의 중심 내용을 알맞게 줄로 이으세요.

1 문단 ·

· 김옥균은 개혁을 통해 새로운 조선을 만들어야 한다고 생각했어요.

2 문단 ·

· 급진 개화파가 갑신정변을 일으켰지만 3일 만에 실패로 끝났어요.

**3**

어휘 표현

다음 (          ) 안에 들어갈 알맞은 낱말을 골라 ○표 하세요.

김옥균을 비롯한 급진 개화파는 우정총국 ( **개국** , **애국** ) 축하 잔치를 틈타 갑신정변을 일으켰어요.

**4**

세부 내용

이 글의 내용으로 맞으면 ○표, 틀리면 ×표 하세요.

(1) 김옥균은 박영효에게 개화사상을 배웠어요.          (          )

(2) 정변 후 세워진 개화 정부는 개혁안을 발표했어요.          (          )

(3) 김옥균은 서양의 기술을 받아들여야 한다고 생각했어요.          (          )

오늘의 **한** 문장 정리

**김옥균은 새로운 조선을 만들기 위해 _____ 을 일으켰어요.**

# ★★★★ 갑신정변에 대한 백성들의 생각

> 우정총국 앞에 나가 있는 최 기자를 연결해 보겠습니다.

에듀윌뉴스

특집 갑신정변에 대한 백성들의 생각을 알아보다

**최 기자**

조선 후기 개화사상을 연구하신 김 박사님과 갑신정변에 대해 이야기를 나눠 보겠습니다. 박사님, 갑신정변에 대해 간단히 설명해 주시겠습니까?

**김 박사**

네, 갑신정변은 김옥균을 중심으로 한 급진 개화파가 청나라를 따르는 사람들을 몰아내고 새로운 조선을 만들고자 우정총국 개국 축하 잔치에서 일으킨 정변입니다. 이들은 새 정부를 세우고 개혁안을 발표했지만, 청나라 군대의 **개입**과 일본의 배신 때문에 3일 만에 실패하고 말았습니다.

**최 기자**

그렇군요. 그럼 박사님, 갑신정변에 대한 당시 조선 백성들의 생각은 어떠했는지 알 수 있을까요?

**김 박사**

갑신정변은 김옥균, 박영효, 서광범, 서재필, 홍영식 등 양반 계층이 주도했지만 군인이나 상인 등 일반 백성들도 정변에 참여했습니다. 이러한 사실에서 조선의 일반 백성들도 조선에 변화가 필요하다고 생각했음을 알 수 있습니다. 그렇지만 일본의 힘을 빌리려고 했다는 점과 준비가 부족한 상태에서 개혁을 시도했다는 점 때문에 갑신정변을 지지하지 않은 백성들도 있었습니다.

**최 기자**

박사님 덕분에 갑신정변과 새로운 사회에 대한 당시 조선 백성들의 바람에 대해 알 수 있어서 뜻깊은 시간이었습니다. 감사합니다.

• **개입** 직접적인 관계가 없는 일에 끼어드는 것을 말해요.

**1** 갑신정변을 주도한 인물을 이 뉴스에서 찾아 ○표 하세요.

김옥균　　　　　이순신　　　　　정몽주

**2** 이 뉴스를 통해 알 수 <u>없는</u> 내용은 무엇인가요?　　（　　　）

① 갑신정변이 일어난 장소

② 갑신정변에 참여한 사람들

③ 새 정부가 발표한 개혁안의 내용

**3** 갑신정변이 실패한 까닭으로 알맞지 <u>않은</u> 것은 무엇인가요?　　（　　　）

① 일본의 힘을 빌려 개혁하려고 했기 때문에

② 준비가 부족한 상태에서 개혁을 시도했기 때문에

③ 변화가 필요하다고 생각한 백성은 한 명도 없었기 때문에

**4** 학생들이 준비하고 있는 역할극의 주제로 알맞은 것은 무엇인가요?　（　　　）

① 갑신정변

② 병자호란

③ 임진왜란

# 동학 농민군을 이끈 지도자는 누구일까요?

**전봉준**
• 1855 ~ 1895년
• 동학 농민 운동 지도자
• 녹두 장군이라고 불리며 동학 농민군을 이끌었고, 일본의 침략에 맞서 싸움.

**1 문단** 어느 날 전봉준이 사는 고부 지역에 조병갑이 새로운 군수로 **부임해** 왔어요. 조병갑은 온갖 구실로 새로운 세금을 만들어 농민들을 괴롭혔어요. 가뜩이나 힘든 살림에 조병갑이라는 **탐관오리**까지 괴롭히니 농민들의 생활은 더욱 어려워졌지요. 참다 못한 농민들이 고부 관아로 몰려가 항의했지만 소용없었어요. 오히려 이 일로 전봉준의 아버지가 매를 맞고 앓다가 죽었어요. 전봉준은 백성들의 피를 빨아 욕심만 채우는 탐관오리들을 혼내 주겠다고 다짐했고, 이후 농민들과 함께 **봉기**를 일으켰답니다.

**2 문단** **녹두 장군**이라 불린 전봉준이 이끈 동학 농민군은 고부에서 시작해 전라도 일대까지 세력을 넓혔어요. 동학 농민군을 진정시키는 데 어려움을 겪은 조선 정부는 청나라에 도움을 요청했지요. 청나라가 조선에 군대를 보내자 일본도 뒤따라 군대를 보냈어요. 이에 동학 농민군은 외국 군대의 간섭을 막기 위해 전주에서 정부와 화약을 맺고 스스로 **해산했어요**. 조선 정부는 청나라와 일본에 돌아가라고 말했어요. 그런데 시간이 지나도 일본이 돌아가지 않자, 동학 농민군은 다시 봉기했어요. 이들은 공주 우금치 고개에서 일본군과 관군에 맞서 죽을힘을 다해 싸웠지요. 하지만 신식 무기를 가진 일본군과 관군에게 맞서기는 어려웠어요. 동학 농민군이 패한 후 전봉준은 관군에게 붙잡혀 처형되었고, 사람들은 '새야 새야 파랑새야' 노래를 부르며 그의 죽음을 안타까워했어요.

**◉ 전주 화약**
화약은 서로 잘 지내기 위해 정한 약속이에요. 동학 농민군은 전주에서 조선 정부로부터 탐관오리 처벌, 신분제 폐지, 잡다한 세금 폐지 등의 내용을 담은 개혁안을 약속받고 스스로 흩어졌어요.

• **부임하다** 어떤 지위나 임무를 받아 일할 곳으로 가는 것을 말해요.
• **탐관오리** 백성의 재물을 탐내어 빼앗는 못된 관리를 말해요.
• **봉기** 벌 떼처럼 떼 지어 일어난다는 뜻이에요.
• **녹두 장군** 작은 키에 단단한 모습이 녹두 낟알 같다고 해서 붙여진 별명이에요.
• **해산하다** 모였던 사람들이 흩어지는 것을 말해요.

2주

**1** 이 글의 중심 낱말로 알맞은 것은 무엇인가요?                (      )

중심 낱말

① 전봉준                ② 전형필                ③ 조병갑

**2** 1문단 , 2문단 의 중심 내용을 알맞게 줄로 이으세요.

중심 내용

     1문단   ·      ·   전봉준은 탐관오리를 혼내 주기 위해 농민들과 함께 봉기를 일으켰어요.

     2문단   ·      ·   전봉준이 이끈 동학 농민군은 일본군과 관군에게 맞서 싸우다가 패했어요.

**3** 다음 빈칸에 들어갈 알맞은 낱말을 이 글에서 찾아 쓰세요.

어휘 표현

> 동학 농민군은 전주에서 정부와 _____ 을/를 맺고 스스로 해산했어요.

**4** 이 글의 내용으로 알맞지 <u>않은</u> 것은 무엇인가요?                (      )

세부 내용

① 전봉준은 관군에게 붙잡혀 처형당했어요.
② 고부 군수 조병갑 때문에 농민들의 삶이 더욱 어려워졌어요.
③ 동학 농민군은 일본이 돌아가지 않자 청나라에 도움을 요청했어요.

🎯 오늘의 **한** 문장 정리

**녹두 장군 전봉준은 _____ 농민 운동을 이끌었어요.**

# 2일차 인터뷰

## 녹두 장군, 전봉준 이야기

**1**
녹두 장군 전봉준 선생님과 이야기 나눠 보겠습니다.

안녕하세요. 동학 농민 운동을 이끌었던 전봉준입니다.

**2**
고부 지역에서 처음으로 봉기하셨는데 그 이유가 무엇인가요?

군수 조병갑이 농민들에게 강제로 일을 시키고 세금을 거두었어요. 저는 조병갑의 **횡포**를 막기 위해 봉기했습니다.

**3**
고부 봉기 이후 여러 전투에서 승리하셨다고 들었어요. 특별히 기억에 남는 전투가 있다면 알려 주세요.

첫 승리를 거둔 황토현 전투와 전라 **감영**이 있는 전주성을 점령했던 일이 기억에 남네요.

**4**
이후 전주에서 정부와 화약을 **체결했다고** 들었습니다. 화약의 내용을 간략히 알려 주실 수 있나요?

네, 탐관오리 처벌, 신분제 폐지, 잡다한 세금 폐지 등을 요구했습니다.

**5**
다시 봉기하셨을 때 공주 우금치 전투에서 패하셨는데 그 이유가 무엇이라고 생각하시나요?

**변변한** 무기가 없던 우리 농민군이 신식 무기를 가진 일본군과 관군을 상대하기는 어려웠던 것 같습니다.

**6**
마지막으로 선생님께서 바라시는 조선의 모습을 말씀해 주세요.

저는 백성들이 편안하게 살 수 있는 조선, 외국에 의지하지 않는 독립된 조선을 바랍니다.

---

- **횡포** 제멋대로 굴며 몹시 난폭한 행동을 하는 것을 말해요.
- **감영** 조선 시대에 각 도의 행정 업무를 담당하던 기관이에요.
- **체결하다** 계약이나 조약을 맺는 것을 말해요.
- **변변하다** 제대로 갖추어져 충분함을 뜻해요.

**1** 전봉준이 처음으로 봉기한 지역을 골라 ○표 하세요.

| 고부 | 공주 | 전주 | 우금치 |

**2** 이 인터뷰의 내용으로 맞으면 ○표, 틀리면 ×표 하세요.

(1) 동학 농민군은 황토현 전투에서 관군에게 패했어요.　　　(　　　)

(2) 전봉준은 고부 군수의 횡포를 막기 위해 봉기했어요.　　　(　　　)

(3) 동학 농민군은 전라 감영이 있는 전주성을 점령했어요.　　　(　　　)

**3** 전주 화약의 내용으로 알맞지 <u>않은</u> 것은 무엇인가요?　　　(　　　)

① 신분제 폐지

② 탐관오리 처벌

③ 잡다한 세금 폐지

④ 능력에 따른 관리 임용

**4** (가)에 들어갈 수 있는 사건으로 알맞은 것은 무엇인가요?　　　(　　　)

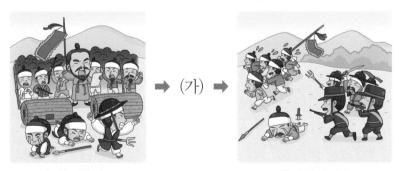

🔵 황토현 전투　　　　🔵 우금치 전투

① 갑신정변　　　② 고부 봉기　　　③ 전주 화약 체결

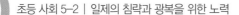

## 3일차 글

# 왕에서 황제가 된 인물은 누구일까요?

**고종**
- 1852 ~ 1919년
- 조선의 제26대 왕
- 외세의 침략으로 나라를 빼앗기는 아픔을 겪어야 했던 조선의 마지막 왕이자 대한 제국의 첫 번째 황제임.

**1문단** **을미사변**으로 일본에 위협을 느낀 고종은 러시아 **공사관**으로 사는 곳을 옮겼어요(아관 파천). 고종이 궁궐을 비우자 조선에 대한 서양 여러 나라들의 간섭은 더 심해졌지요. 이러한 상황 속에 독립 협회가 만들어졌고, 많은 사람들이 외국의 간섭에 반대하는 목소리를 냈어요. 이후 자주독립에 대한 백성들의 요구가 높아지자 고종은 1년 만에 경운궁(덕수궁)으로 돌아왔어요. 고종은 서양 여러 나라로부터 나라를 지켜야겠다고 생각했어요. 그래서 환구단에서 황제의 자리에 올랐고, 자주독립 국가임을 드러내기 위해 1897년 나라 이름을 '대한 제국'으로 바꿨어요.

**2문단** 고종은 대한 제국을 강한 나라로 만들기 위해 여러 분야에 걸쳐 개혁 정책을 펼쳤어요. 은행과 공장 등 여러 가지 **근대** 시설을 마련하고, 기술을 가르치는 학교를 세웠지요. 또 서양 여러 나라와 외교 관계를 맺으며 대한 제국의 국권을 지키기 위해 노력했어요. 그러나 이러한 고종의 노력에도 불구하고 1905년 일제의 강요로 을사늑약을 맺으면서 대한 제국은 일제에 외교권을 빼앗기게 되었어요. 고종은 전 세계에 을사늑약이 잘못되었음을 알리기 위해 국제회의가 열리는 네덜란드 헤이그에 **특사**를 보냈어요. 일제는 고종이 헤이그에 특사를 보낸 것을 문제 삼아 강제로 그를 황제 자리에서 물러나게 했답니다.

**○ 독립 협회**
서재필이 정부의 지원을 받아 『독립신문』을 만들고, 독립 협회를 만든 후 토론회와 연설회를 열어 민중의 자주독립 의식을 일깨웠어요.

**○ 환구단**

고종이 황제 즉위식을 실시한 장소예요.

- 을미사변 1895년 일본인들이 경복궁에 침입해 명성 황후를 죽인 사건을 말해요.
- 공사관 외국에 나가 있는 관리들이 일하는 공간을 말해요.
- 근대 시대 구분의 하나로, 현대의 특징이 나타나는 시대를 말해요.
- 특사 특별한 임무를 받고 다른 나라에 가는 사람을 말해요.

오늘의날짜            월            일

**1** 이 글의 중심 낱말로 알맞은 것은 무엇인가요?                    (            )

중심 낱말

① 고종                    ② 서재필                    ③ 명성 황후

**2** 1문단 , 2문단 의 중심 내용을 알맞게 줄로 이으세요.

중심 내용

1문단 ·

· 고종은 황제의 자리에 오르고 나라 이름을 대한 제국으로 바꿨어요.

2문단 ·

· 고종은 개혁 정책을 펼쳤지만, 일제에 의해 강제로 물러났어요.

**3** 이 글의 내용으로 맞으면 ○표, 틀리면 ×표 하세요.

세부 내용

(1) 고종은 아관 파천 이후 1년 만에 경운궁으로 돌아왔어요.            (            )

(2) 고종은 을미사변 이후 사는 곳을 미국 공사관으로 옮겼어요.            (            )

(3) 고종은 국제회의가 열리는 네덜란드 헤이그에 특사를 보냈어요. (            )

**4** 고종이 나라 이름을 바꾼 까닭으로 알맞은 것은 무엇인가요?                    (            )

내용 추론

① 서양 여러 나라들이 시켜서

② 자주독립 국가임을 드러내기 위해서

③ 통상 수교 거부의 의지를 알리기 위해서

🗣️ 오늘의 **한** 문장 정리

**고종은 조선의 마지막 왕이자 대한 제국의 첫 번째 _____ 예요.**

**3일차**
방송 프로그램

지문분석 동영상강의

# 우리 역사 속 첫 번째 황제, 고종

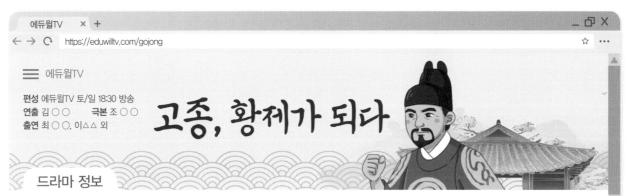

에듀윌TV × +

https://eduwilltv.com/gojong

☰ 에듀윌TV

편성 에듀윌TV 토/일 18:30 방송
연출 김○○    극본 조○○
출연 최○○, 이△△ 외

## 고종, 황제가 되다

### 드라마 정보

조선의 마지막 왕이었던 고종, 그가 나라를 구하기 위해 대한 제국의 첫 번째 황제가 될 수밖에 없었던 이야기

1회

일본인들이 경복궁에 침입해 명성 황후를 **시해하는** 사건이 발생하자, 신하가 고종에게 러시아 공사관으로 피신(아관 파천)할 것을 건의하는데 …….

2회

고종은 신하를 통해 독립 협회가 개최한 대중 **집회**에서 서양 여러 나라의 간섭에 반대하는 백성들의 이야기를 전해 듣고 **환궁**을 고민하는데 …….

3회

경운궁으로 돌아온 고종은 조선을 강한 황제가 다스리는 나라로 만들 것을 다짐하는데 …….

4회

고종은 환구단에서 황제로 즉위하고, 나라 이름을 대한 제국으로 바꾸는데 …….

- **시해하다** 지위가 높은 사람을 죽이는 것을 말해요.
- **집회** 특정한 목적을 위해 사람들이 짧은 기간 동안 모이는 것을 말해요.
- **환궁** 임금, 왕비, 왕자 등이 궁으로 돌아오는 것을 말해요.

오늘의 날짜          월          일

**1**  이 드라마에 등장하지 <u>않는</u> 인물은 누구인가요?          (          )

① 고종                ② 명성 황후                ③ 흥선 대원군


**2**  이 드라마의 내용으로 맞으면 ○표, 틀리면 ×표 하세요.

(1) 일본인이 경복궁에서 고종을 시해했어요.                (          )

(2) 백성들이 서양 여러 나라의 간섭에 반대했어요.                (          )

(3) 고종은 환궁 후 강한 황제가 다스리는 나라를 만들기로 다짐했어요. (          )


**3**  다음 빈칸에 들어갈 알맞은 낱말을 이 드라마에서 찾아 쓰세요.

> 고종은 명성 황후가 일본인들에게 시해당하자, 사는 곳을 러시아 공사관
> 으로 옮기는 _____을/를 실시했어요.


**4**  다음 빈칸에 들어갈 낱말로 알맞은 것은 무엇인가요?          (          )

나는 1897년에 _____ 에서 대한 제국 황제의 자리에 올랐노라.

① 경복궁
② 첨성대
③ 환구단

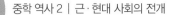

## 4일차 글

# 외국인도 독립운동을 했을까요?

**호머 헐버트**
- 1863 ~ 1949년
- 독립운동가
- 조선 말부터 일제 강점기까지 일제에 빼앗긴 우리나라의 국권을 회복하기 위해 도움.

**1 문단** 1886년 미국인 헐버트는 조선에 들어와 **육영 공원**에서 영어를 가르치는 교사로 일했어요. 그는 학생들을 잘 가르치기 위해 한글을 배웠는데, 3년 만에 상당한 수준의 한글 실력을 갖추게 되었어요. 그리고 순 한글 교과서인 『사민필지』를 만들었지요. 이후 한글의 우수성과 과학성에 **매료**되어 세계 유명 학술지에 한글 창제 과정과 한글의 뛰어난 점을 소개하기도 했어요. 또 주시경과 함께 『독립신문』에 '띄어쓰기'를 적용해 누구나 읽기 쉬운 한글을 만들기 위해 노력했지요. 헐버트는 한글을 사랑하고 한글의 참된 가치를 발견한 외국인이었답니다.

**2 문단** 한편 1905년 일제가 우리나라의 외교권을 빼앗는 을사늑약을 맺으려고 하자, 고종은 비밀리에 미국 대통령에게 도움을 요청하는 편지를 전달하기로 결심했어요. 그리고 고종이 이 임무를 맡긴 인물이 바로 헐버트였어요. 헐버트는 미국인이었기 때문에 영어를 잘하는 것은 물론이고, 한국인만큼이나 우리나라를 사랑했기 때문이지요. 고종은 헐버트를 특사로 임명했고 헐버트는 고종의 편지를 들고 미국으로 갔어요. 하지만 결국 미국 대통령에게 직접 편지를 전달하지는 못했어요. 이후에도 헐버트는 우리 민족의 독립을 위해 활동하다가 일제에 들켜서 미국으로 쫓겨나고 말았어요. 시간이 흘러 우리 민족은 광복을 맞이했고, 헐버트는 우리 민족의 독립운동에 힘쓴 공을 인정받아 외국인 최초로 **훈장**을 받았어요.

**♀ 『사민필지』**

우리나라 최초의 한글로 쓰인 세계 지리 교과서예요. 『사민필지』를 통해 조선인들은 세계 여러 나라에 대해 알 수 있게 되었어요.

- 육영 공원 조선 후기에 세워진 우리나라 최초의 근대식 학교예요.
- 매료 아주 심하게 끌려서 마음을 빼앗기는 것을 말해요.
- 훈장 나라에 큰 도움이 되는 일을 한 사람에게 주는 상이에요.

**1** 이 글의 중심 낱말로 알맞은 것은 무엇인가요?          (          )

중심 낱말

① 고종                    ② 주시경                    ③ 헐버트


**2** 1 문단 , 2 문단 의 중심 내용을 알맞게 줄로 이으세요.

중심 내용

1 문단 ·                          · 헐버트는 우리 민족의 독립을 위해 활동했어요.

2 문단 ·                          · 헐버트는 한글을 사랑한 외국인이었어요.


**3** 다음 (          ) 안에 들어갈 알맞은 낱말을 골라 ○표 하세요.

어휘 표현

헐버트는 고종의 ( 교사 , 특사 )로 임명된 후 미국으로 갔어요.


**4** 이 글의 내용으로 맞으면 ○표, 틀리면 ×표 하세요.

세부 내용

(1) 헐버트는 순 한글 교과서인 『사민필지』를 만들었어요.          (          )

(2) 헐버트는 고종의 편지를 미국 대통령에게 무사히 전달했어요.          (          )

(3) 헐버트는 일제에 발각되어 서대문 형무소에 갇히게 되었어요.          (          )


오늘의 **한** 문장 정리

**외국인 헐버트는 우리 민족의 ＿＿＿＿＿＿＿ 을 위해 여러 도움을 주었어요.**

# 4일차
## 광고

지문분석 동영상강의

# 한국인보다 한국을 더 사랑한 헐버트

> 나는 언제나 한국인을 지지할 것이다.
> 그들은 모든 권리와 재산을 빼앗겼다.
> 나는 죽을 때까지 그들을 대변할 것이다.

**뉴욕 신문**

조선에는 모든 소리를 자신들이 창제한 고유의 글자로 표기할 수 있는 완벽한 문자가 존재한다.

**독립 유공자 건국훈장 독립장 추서**

### ▶ 영화의 줄거리

1886년 미국 출신 헐버트는 육영 공원의 교사로 일하기 위해 조선에 도착한다. 조선에서 학생들을 가르치면서 순 한글 교과서인 『사민필지』를 만들고, 뉴욕 신문에 한글의 우수성을 소개하는 등 한글의 뛰어난 가치를 알리는 데 앞장선다. 일제가 우리나라의 외교권을 빼앗으려고 하자, 고종의 특사가 되어 미국으로 가 비밀스러운 임무를 수행한다. 이후 독립운동에 힘쓴 공을 인정받아 외국인 최초로 훈장을 받게 되는데 …….

• 대변하다 어떤 사람이나 단체를 대신해 의견과 입장을 말하는 것이에요.

**1** 이 영화의 주인공인 헐버트는 어느 나라 출신인가요?        (        )

① 미국                ② 일본                ③ 대한 제국

**2** 이 영화의 제목으로 알맞은 것은 무엇인가요?        (        )

① 파란 눈의 독립운동가, 헐버트

② 작지만 단단한 녹두 장군, 헐버트

③ 대한 제국의 첫 번째 황제, 헐버트

**3** 다음 빈칸에 들어갈 알맞은 낱말을 이 광고에서 찾아 쓰세요.

헐버트는 순 한글 교과서인 ＿＿＿＿＿＿＿＿ 을/를 만들었어요.

**4** 이 영화에서 볼 수 <u>없는</u> 장면은 무엇인가요?        (        )

① 헐버트가 고종의 특사로 임명되는 장면

② 헐버트가 전주에서 조선 정부와 화약을 맺는 장면

③ 헐버트가 육영 공원에서 학생들을 가르치고 있는 장면

# 5일차 글

지문분석 동영상강의

# 누가 이토 히로부미를 저격했을까요?

**안중근**
- 1879 ~ 1910년
- 독립운동가
- 우리나라를 빼앗는 데 앞장섰던 이토 히로부미를 총으로 쏴서 죽였고 한국, 중국, 일본 세 나라가 서로 도와 평화를 지켜야 한다는 주장을 했음.

**1 문단** 1909년 10월 26일 오전 9시 30분경, 이토 히로부미는 중국 만주에 있는 하얼빈역에 도착했어요. 그는 을사늑약 체결을 강요하고 첫 번째 **통감**이 되어 우리나라를 일제의 **식민지**로 만드는 데 앞장섰던 인물이에요. 기차에서 내린 이토 히로부미가 러시아군 **의장대** 앞을 지나가고 있었어요. 그때 안중근이 사람들을 밀치고 나와 이토 히로부미를 향해 총을 쐈어요. 이토 히로부미가 쓰러지는 것을 본 안중근은 옷 안에서 태극기를 꺼내 이렇게 소리 높여 외쳤어요.

"코레아 우라(대한 독립 만세)!"

**2 문단** 러시아 경찰에게 체포된 안중근은 뤼순 감옥에 갇힌 후 재판을 받았어요. 안중근은 재판을 보려고 모인 사람들에게 이렇게 말했어요. "조선의 독립을 회복하고 동양의 평화를 지키기 위해서는 먼저 우리 민족 최대의 적인 이토 히로부미를 없애야 한다고 생각했다. 독립을 위하여 목숨을 버릴 각오로 일본군과 싸웠고, 이번 일은 대한의군의 군인 자격으로 이토 히로부미를 죽인 것이지 결코 개인적인 감정으로 한 일이 아니다." 이후 일제의 고문을 받은 안중근은 1910년 3월 26일 뤼순 감옥의 **사형장**에서 32세의 짧은 생을 마쳤답니다.

📍 '독립'이라고 쓴 안중근의 글씨와 손도장

안중근은 재판 과정에서 일제가 우리 민족에게 했던 나쁜 짓과 자신이 이토 히로부미를 죽여서 지키고자 한 평화에 대한 생각을 세계 여러 나라에 알렸어요. 국내뿐 아니라 다른 나라에서도 안중근을 구하려고 노력했으나 실패하고 말았답니다.

- **통감** 일제가 설치한 통감부의 장관으로, 정치나 군사 등 모든 일을 감독하는 사람이에요.
- **식민지** 힘이 센 다른 나라에게 정치적, 경제적으로 지배를 받는 나라를 뜻해요.
- **의장대** 국가의 큰 행사에서 의식을 진행하기 위해 특별히 조직되고 훈련된 부대예요.
- **사형장** 큰 죄를 지은 사람의 목숨을 끊는 일을 하는 장소예요.

오늘의 날짜　　월　　일

**1** 이 글의 중심 낱말로 알맞은 것은 무엇인가요?　　　　　　（　　　　）

중심 낱말

① 안중근　　　　　　② 안창호　　　　　　③ 이토 히로부미

**2** 1문단, 2문단 의 중심 내용을 알맞게 줄로 이으세요.

중심 내용

| 1문단 · | · 안중근이 이토 히로부미를 향해 총을 쐈어요. |
| --- | --- |
| 2문단 · | · 안중근은 뤼순 감옥에서 짧은 생을 마쳤어요. |

**3** 안중근이 이토 히로부미에게 총을 쏜 까닭으로 알맞은 것은 무엇인가요? （　　　　）

내용 추론

① 우리나라가 일제와 을사늑약을 맺는 것을 방해해서

② 러시아군으로부터 이토 히로부미를 보호하기 위해서

③ 우리나라를 일제의 식민지로 만드는 데 앞장섰던 인물이어서

**4** 다음 빈칸에 들어갈 알맞은 낱말을 이 글에서 찾아 쓰세요.

어휘 표현

이토 히로부미가 쓰러지는 것을 본 안중근은 옷 안에서 태극기를 꺼내 ＿＿＿＿＿＿＿＿＿＿（대한 독립 만세）라고 소리 높여 외쳤어요.

 오늘의 한 문장 정리

안중근은 우리나라를 빼앗는 데 앞장섰던 ＿＿＿＿＿＿＿＿ 를 총으로 쏘아서 죽였어요.

# 5일차
웹툰

# 안중근, 죽을 각오로 총을 쏘다

## 제12화  [    (가)    ]

1909년 10월, 중국 만주 하얼빈역에 안중근이 서 있는데 …….

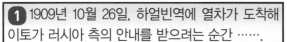
❶ 1909년 10월 26일, 하얼빈역에 열차가 도착해 이토가 러시아 측의 안내를 받으려는 순간 …….

❹ 이토 히로부미는 안중근이 쏜 일곱 발의 총알 중 세 발을 맞고 그 자리에서 쓰러지게 된다.

이토 히로부미를 죽인 죄로 뤼순 감옥에 갇힌 안중근은 글을 남긴다.

❺ 코레아 우라!

❼ **동포**에게 고함.
내가 죽은 뒤에 나의 뼈를 하얼빈 공원에 묻어 두었다가 나라를 되찾거든 **고국**으로 옮겨 다오.

- 동포 같은 나라 사람을 친근하게 부르는 말이에요.
- 고국 다른 나라에 있는 사람이 자신이 살던 나라를 부르는 말이에요.

**1**  이 웹툰의 사건이 일어난 장소를 골라 ○표 하세요.

| 서울역 | 베이징역 | 하얼빈역 |
|--------|----------|----------|

**2**  이 웹툰에서 안중근이 한 일로 알맞지 <u>않은</u> 것은 무엇인가요?      (      )

① 감옥에서 그림을 그렸어요.

② 이토 히로부미에게 총을 쏘았어요.

③ 하얼빈역에서 '코레아 우라'라고 외쳤어요.

**3**  (가)에 들어갈 이 웹툰의 제목으로 알맞은 것은 무엇인가요?      (      )

① 만주에서 울린 일곱 발의 총소리

② 일본 도쿄에서 터진 한 발의 폭탄

③ 아우내 장터에서 울린 대한 독립 만세

**4**  이 웹툰에 추가할 수 있는 장면으로 알맞은 것은 무엇인가요?      (      )

①

▲ 우정총국에서
갑신정변이 일어나는 장면

②

▲ 안중근이 러시아 경찰에게
체포되는 장면

③

▲ 고종이 대한 제국
수립을 선포하는 장면

## 1 밑줄 친 낱말의 뜻을 알맞게 줄로 이으세요.

독립 협회가 대중 집회를
개최했어요.

벌 떼처럼
떼 지어 일어남

헐버트는 외국인 최초로
훈장을 받았어요.

모였던 사람들이
흩어지다.

전봉준은 농민들과 함께
봉기를 일으켰어요.

같은 나라 사람을
친근하게 부르는 말

동학 농민군은 화약을 맺은 후
스스로 해산했어요.

나라에 큰 도움이 되는
일을 한 사람에게 주는 상

우정총국 개국 축하 잔치에서
갑신정변이 발생했어요.

특정한 목적을 위해
사람들이 짧은 기간 동안
모이는 것

안중근은 동포에게 자신의 뼈를
고국으로 옮겨 달라고 했어요.

방송국이나 우체국이
사무소를 설치해 처음으로
업무를 시작함

**2** 밑줄 친 낱말과 뜻이 비슷한 낱말을 〈보기〉에서 찾아 빈칸에 쓰세요.

〈보기〉

| 개입 | 명분 | 횡포 | 거주지 | 공부하다 |

(1) 고종이 러시아 공사관으로 <u>거처</u>를 옮겼어요.
　　　　　　　　일정하게 자리 잡고 사는 장소
　　　　　　　　　　　　　　　　　　　　　_____

(2) 김옥균은 박규수로부터 개화사상을 <u>배웠어요.</u>
　　　　　　　　　　　　　　새로운 지식을 얻다.
　　　　　　　　　　　　　　　　　　　　　_____

(3) 전봉준은 조병갑의 <u>탐횡</u>을 막기 위해 봉기했어요.
　　　　　　　　　　탐욕스럽고 행동이 난폭함
　　　　　　　　　　　　　　　　　　　　　_____

(4) 아관 파천 이후 서양 여러 나라들의 <u>간섭</u>이 심해졌어요.
　　　　　　　　　　　　　　직접 관계가 없는 남의 일에 참견함
　　　　　　　　　　　　　　　　　　　　　_____

(5) 조병갑은 온갖 <u>구실</u>로 세금을 만들어 농민들을 괴롭혔어요.
　　　　　　　핑계를 삼을 만한 재료
　　　　　　　　　　　　　　　　　　　　　_____

**3** 다음 (　　) 안에 들어갈 알맞은 낱말을 골라 ○표 하세요.

(1) 갑신정변은 양반 ( **개층** , **계층** )이 주도했어요.

(2) 고종은 환구단에서 황제로 ( **즉위** , **즉이** )했어요.

(3) 헐버트는 한글의 우수성에 ( **매료** , **메료** )되었어요.

(4) 전봉준은 관군에게 ( **붙잡여** , **붙잡혀** ) 처형당했어요.

(5) 안중근은 뤼순 감옥에 ( **간혔고** , **갖혔고** ) 재판을 받았어요.

# 조각 그림 맞추기

🪨 아래 그림에는 여기저기 구멍이 뚫려 있어요. 구멍에 알맞은 조각 그림을 찾아 숫자를 써요.

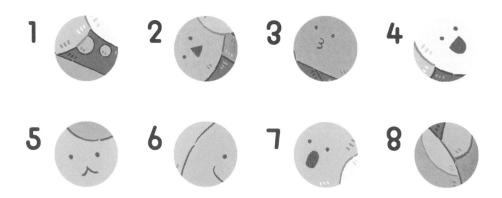

# 기운이 샘솟는 체조

📎 다음 동작을 순서대로 하나씩 천천히 따라해 보아요.

**1**

똑바로 선 다음,
양팔을 머리 위로 쭉 뻗어요.
손바닥은 서로 마주보게 해요.

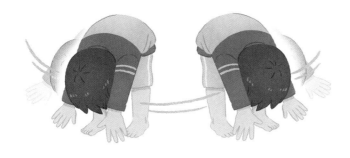

**2**

몸을 앞으로 구부리고
좌우로 여러 번 움직여요.
손이 바닥에 닿도록 해요.

**3**

1분 뒤 서 있는 자세로
천천히 돌아와요.
몸을 편하게 하여 마무리해요.

# 3주

**1일**

**이회영**

**1911년**

이회영이 신흥 강습소를
세웠어요.

**2일**

**안창호**

**1913년**

안창호가 흥사단을
만들었어요.

**1910년**

일제가 우리나라의
국권을 빼앗았어요.

연표를 따라가며 **3주차**에 만날 인물의
**이름과 살았던 때, 활동**을 살펴보세요.

**3일**

유관순

1919년

유관순이 3·1 운동에
참여했어요.

**4일**

홍범도

1920년

홍범도가 이끈 독립군이
봉오동 전투에서 승리했어요.

**5일**

방정환

1922년

방정환이 어린이날을
만들었어요.

1919년

대한민국 임시 정부가
세워졌어요.

1920년

독립군이 청산리 대첩에서
일본군을 물리쳤어요.

**1일차**

글

지문분석 동영상강의

# 전 재산을 팔아 독립운동을 한 인물은 누구일까요?

**이회영**
- 1867 ~ 1932년
- 독립운동가
- 우리나라가 일본에 국권을 빼앗기자, 형제들과 전 재산을 팔아 독립운동을 함.

**1문단** 우리나라는 일제의 강요로 을사늑약을 맺으면서 일제에 외교권을 빼앗겼어요. 고종은 이 사실을 전 세계에 알리기 위해 국제회의가 열리는 네덜란드 헤이그에 특사를 보냈어요. 이때 특사를 보내는 일을 계획하고 **자금**을 지원한 인물이 바로 이회영이에요. 그는 조선의 **명문** 출신으로, 큰 부자였어요. 그리고 1910년에 우리나라가 일본에 국권마저 빼앗기자, 이회영과 다섯 형제들은 모여서 나라를 위해 무슨 일을 할 수 있을지 의논을 했어요. 그 결과, 집안의 전 재산을 팔아 나라 밖으로 가서 독립운동을 하기로 했답니다. 그들은 가지고 있던 모든 재산을 팔았는데, 현재 돈으로 계산하면 자그마치 600억 원이 넘었다고 해요.

**2문단** 이회영과 다섯 형제들은 고향을 떠나 한반도 북쪽 만주 지역의 삼원보라는 곳으로 갔어요. 그리고 그곳에 신흥 강습소라는 학교를 세워 수많은 독립군을 길러 냈지요. 신흥 강습소를 졸업한 독립군은 훗날 여러 전투에서 일본군을 물리칠 때 크게 **활약했어요**. 하지만 여섯 형제의 재산은 몇 년이 지나지 않아 바닥나 버렸어요. 이회영과 형제들은 **양식**이 떨어져 당장 끼니를 걱정해야 할 정도로 형편이 어려워졌어요. 이렇게 어려운 환경 속에서도 이회영은 독립운동을 꾸준히 이어 나갔어요. 열심히 독립운동을 하던 이회영은 중국에서 일본 경찰에 붙잡혀 고문을 받다가 결국 감옥에서 목숨을 잃고 말았답니다.

**신흥 강습소**
독립운동에 힘이 될 군인을 길러 내기 위해 1911년에 이회영과 다섯 형제가 세운 학교예요. 이 학교는 학생들에게 학문과 군사 교육을 실시해 많은 독립운동가와 독립군을 키워 냈어요.

- 자금 특정한 목적을 위해 쓰는 돈을 말해요.
- 명문 이름난 좋은 집안을 뜻해요.
- 활약하다 활발히 활동하는 것을 말해요.
- 양식 사람이 살기 위해 필요한 먹을거리를 말해요.

**오늘의날짜** 　월　　일

**1**
중심 낱말

이 글의 중심 낱말로 알맞은 것은 무엇인가요?　　　　　　　　(　　　)

① 고종　　　　　　　② 이회영　　　　　　　③ 헐버트

**2**
중심 내용

1 문단 , 2 문단 의 중심 내용을 알맞게 줄로 이으세요.

3주

1 문단 ・

2 문단 ・

・　이회영은 어려운 환경 속에서도
독립운동을 이어 나갔어요.

・　이회영과 형제들은 전 재산을 팔아
독립운동을 하기로 했어요.

**3**
어휘 표현

다음 (　　　) 안에 들어갈 알맞은 낱말을 골라 ○표 하세요.

이회영은 헤이그에 특사를 보내는 일을 계획하고 ( 세금 , 자금 )을 지원했어요.

**4**
세부 내용

이 글의 내용으로 맞으면 ○표, 틀리면 ×표 하세요.

(1) 이회영은 일본과 을사늑약을 맺었어요.　　　　　　　　(　　　)

(2) 이회영은 조선의 명문 출신으로 큰 부자였어요.　　　　(　　　)

(3) 이회영과 다섯 형제들은 미국에 신흥 강습소를 세웠어요.　(　　　)

🐵 오늘의 **한** 문장 정리

**이회영은 전 재산을 팔아 _____ 라는 학교를 세워 독립군을 길러 냈어요.**

# 부자의 품격을 보여 준 이회영

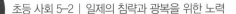

에듀윌박물관 × +

← → ↻ https://eduwillmuseum.com/leehoeyeong ☆ ⋯

EDUWILL MUSEUM 🔍

박물관 소개  전시 안내  소장품 안내  교육 안내  자료실  공지 사항

## 이회영 기념전  ●●진행 중  ★특별 전시

🏠 > 전시 안내 > 온라인 전시

### ➤ 전시 설명

이회영 기념전에서는 엄청난 금액의 전 재산을 바쳐 나라의 독립을 위해 **헌신한** 이회영과 다섯 형제들의 삶을 소개합니다.

### ➤ 이회영과 다섯 형제들  자세히 보기

여섯 형제 중 다섯째 이시영만이 살아서 광복을 맞이했습니다. 이시영은 광복 이후 우리나라의 **부통령**이 되었습니다.

### ➤ 여섯 형제들의 의논  자세히 보기

여섯 형제들이 독립운동 **기지**를 세울 곳에 대해 이야기하는 모습입니다. 이들은 만주 지역의 삼원보로 가 그곳에 신흥 강습소를 세웠습니다.

### ➤ 이회영의 난 그림  자세히 보기

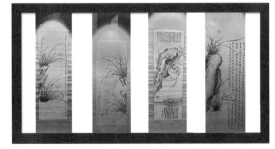

이회영이 그린 난입니다. 이회영은 난을 잘 그렸는데, 난 그림을 팔아서 독립운동에 필요한 자금을 마련했다고 합니다.

---

• **헌신하다** 몸과 마음을 바쳐 모든 정성과 노력을 다하는 것을 말해요.
• **부통령** 대통령 다음가는 자리에서 대통령을 돕는 사람이에요. 현재 우리나라에는 없는 자리예요.
• **기지** 군대가 머물면서 활동할 수 있게 필요한 시설을 갖춘 장소를 말해요.

**1** 이 전시에 등장하는 이회영과 이시영은 어떤 관계인가요?     (          )

① 부부                    ② 친구                    ③ 형제

**2** 이 전시의 내용으로 맞으면 ○표, 틀리면 ×표 하세요.

(1) 이시영은 우리나라의 첫 번째 대통령이 되었어요.          (          )

(2) 이회영과 다섯 형제 모두 살아서 광복을 맞이했어요.          (          )

(3) 이회영은 난 그림을 팔아서 독립운동 자금을 마련했어요.          (          )

**3** 다음 빈칸에 들어갈 알맞은 낱말을 이 전시에서 찾아 쓰세요.

> 이회영과 형제들은 독립운동을 위해 만주 지역에 _____을/를 세웠습니다.

**4** 다음 지도에서 신흥 강습소가 세워진 곳이 어디인지 찾아 ○표 하세요.

지문분석 동영상강의

# 2일차
## 글

# 독립을 위해 인재를 기른 인물은 누구일까요?

**안창호**
• 1878 ~ 1938년
• 독립운동가
• 조선 말부터 일제 강점기까지 민족의 실력을 기르기 위한 교육 활동과 우리나라의 국권을 되찾기 위한 독립운동에 앞장섬.

**1 문단** 안창호는 **청일 전쟁**으로 인해 큰 피해를 보는 조선 백성을 보며 나라의 힘을 키워야겠다고 결심했어요. 그는 미국인 선교사가 세운 학교에서 영어와 서양 학문을 익히며 배움의 중요성을 깨달았어요. 이후 안창호는 나라를 위한 큰일을 하기 위해 미국으로 공부하러 갔어요. 그러던 중 을사늑약이 맺어져 우리나라가 외교권을 일제에 빼앗겼다는 소식을 듣고 돌아왔답니다. 미국에서 돌아온 안창호는 비밀 단체인 신민회를 조직하고 평양에 대성 학교를 세워 나라의 인재를 길러 내기 위해 노력했어요.

**2 문단** 우리나라가 일제에 국권을 빼앗겨 일제의 탄압이 점점 심해지자 안창호는 다시 미국으로 건너갔어요. 그는 미국 샌프란시스코에서 바른 인성과 실력을 갖춘 젊은이들을 길러 내기 위해 흥사단이라는 단체를 만들었지요. 1919년에는 **대한민국 임시 정부**가 세워졌다는 소식을 듣고 독립운동 자금을 전달하기 위해 임시 정부가 있는 중국 상하이로 갔어요. 임시 정부 관리들은 안창호를 반갑게 **맞아** 주었고, 안창호는 대한민국 임시 정부에서 활동하게 되었지요. 그러던 중 안창호는 일본 경찰에 붙잡혀 감옥에 갇혔고, 그곳에서 심한 고문을 당했어요. 결국 안창호는 급격히 건강이 나빠져 1938년에 **조국**의 독립을 보지 못한 채 숨을 거두고 말았답니다.

**♀ 대성 학교**

1908년에 안창호가 평양에 세운 학교예요. 대성 학교는 능력 있는 인재, 애국정신을 가진 민족 운동가를 길러 내는 것을 교육 목표로 삼았어요.

• **청일 전쟁** 1894 ~ 1895년에 조선에서 벌어진 청나라와 일본 사이의 전쟁이에요.
• **대한민국 임시 정부** 독립운동가들이 중국 상하이에 세운 임시 정부예요.
• **맞다** 오는 사람을 예의를 갖추어 받아들이는 것을 말해요.
• **조국** 조상 때부터 대대로 살던 나라를 뜻해요.

오늘의 날짜          월          일

**1** 이 글의 중심 낱말로 알맞은 것은 무엇인가요?          (          )

중심 낱말

① 안중근                ② 안창호                ③ 양기탁

**2** 1 문단 , 2 문단 의 중심 내용을 알맞게 줄로 이으세요.

중심 내용

| 1 문단 | · | · | 안창호는 신민회를 조직하고 나라의 인재를 길러 냈어요. |
| 2 문단 | · | · | 안창호는 흥사단을 만들고 대한민국 임시 정부에서 활동했어요. |

3주

**3** 안창호가 흥사단을 만든 까닭으로 알맞은 것은 무엇인가요?          (          )

내용 추론

① 많은 돈을 벌기 위해서

② 자신을 보호할 군대를 만들기 위해서

③ 바른 인성과 실력을 갖춘 젊은이를 길러 내기 위해서

**4** 이 글의 내용을 요약했어요. 빈칸에 들어갈 알맞은 낱말을 〈보기〉에서 골라 쓰세요.

내용 요약

〈보기〉

개화파

신민회

독립 협회

**안창호의 활동**

• 비밀 단체인 _____를 조직함.

• 대성 학교를 세우고 흥사단을 만듦.

• 대한민국 임시 정부에서 활동함.

오늘의 **한** 문장 정리

**안창호는 인재를 기르기 위해 비밀 단체인 _____를 조직하고 대성 학교를 세웠어요.**

지문분석 동영상강의

# 2일차
### 방송 프로그램

# 우리 민족의 영원한 스승, 안창호

에듀윌TV

https://eduwilltv.com/anchangho

☰ 에듀윌TV

**편성** 에듀윌TV 토/일 18:30 방송
**연출** 김○○　　**극본** 조○○
**출연** 최○○, 이△△ 외

안창호

### 드라마 정보

일제의 침략과 지배 속에 고통받던 우리 민족을 지키기 위해 교육에 힘쓴 스승 안창호 이야기

**1회**

청일 전쟁을 겪으며 나라의 힘을 키우는 것의 중요성을 깨달은 안창호, 미국 선교사 언더우드가 세운 구세학당에 입학해 3년간 공부하는데 …….

**2회**

안창호는 독립 협회에 가입한 후 평양에서 시민들의 **각성**을 **재촉하는** 연설로 **명성**을 얻게 되는데 …….

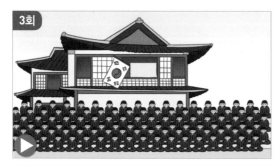

**3회**

안창호는 인재를 기르기 위해서 평양에 대성 학교를 세우고, 미국 샌프란시스코에서 흥사단을 만드는데 …….

**4회**

중국 상하이에서 대한민국 임시 정부의 **일원**으로 독립운동을 하다가 경찰에 붙잡힌 안창호, 감옥에 갇히게 되는데 …….

- **각성** 바르게 깨달아 알게 되는 것을 말해요.
- **재촉하다** 어떤 일을 빨리하도록 자꾸 부탁하는 것을 말해요.
- **명성** 사람들에게 높이 평가받아 이름이 널리 알려지는 것을 말해요.
- **일원** 어떤 단체에 소속된 사람을 말해요.

**1** 안창호가 가입한 단체를 골라 ○표 하세요.

| 대성 학교 | 독립 협회 | 신흥 강습소 |
|---|---|---|

**2** 이 드라마의 내용으로 맞으면 ○표, 틀리면 ×표 하세요.

(1) 안창호는 평양에서 연설을 하여 명성을 얻었어요.          (          )

(2) 안창호는 미국 선교사가 세운 학교에서 공부했어요.          (          )

(3) 안창호는 평양에 육영 공원을 세우고 인재를 길렀어요.          (          )

**3** 다음 (          ) 안에 들어갈 알맞은 낱말을 골라 ○표 하세요.

안창호는 미국 샌프란시스코에서 ( **환구단** , **흥사단** )을 만들었어요.

**4** 안창호가 활동한 지역과 활동 내용을 알맞게 줄로 이으세요.

| 평양 | · | · | 흥사단을 만들었어요. |
|---|---|---|---|
| 상하이 | · | · | 시민들의 각성을 재촉하는 연설을 했어요. |
| 샌프란시스코 | · | · | 대한민국 임시 정부의 일원으로 독립운동을 했어요. |

# 3일차
글

# 일제에 맞서 싸운 여성 독립운동가는 누구일까요?

**유관순**
- 1902 ～ 1920년
- 독립운동가
- 3·1 운동이 일어나자 이화 학당 학생들과 함께 만세 시위에 참여했고, 천안 아우내 장터에서 만세 시위를 주도함.

**김마리아**
- 1892 ～ 1944년
- 독립운동가
- 2·8 독립 선언이 일어나던 날에 일본에 있는 한국인 학생들과 함께 독립 선언서를 읽음.

**1 문단** "대한 독립 만세, 대한 독립 만세!" 이화 학당에 다니고 있던 유관순은 3·1 운동이 일어나자 고향인 충청남도 천안으로 내려가 마을 사람들에게 서울에서 만세 시위가 일어나고 있음을 알리고 함께하자고 했어요. 1919년 4월 1일, 천안 아우내 장터에 수천 명의 사람이 모이자 유관순은 태극기를 나누어 주고 "대한 독립 만세!"를 외치며 만세 시위를 이끌었지요. 그러자 일본 경찰들이 시위에 참여한 사람들을 향해 총을 쐈어요. 이때 유관순의 부모님을 비롯한 많은 사람이 그 자리에서 죽었답니다. 유관순도 일본 경찰에게 체포되어 서울에 있는 서대문 **형무소**에 갇히게 되었어요. 형무소에서도 만세를 외치며 저항하던 유관순은 **모진** 고문을 받다가 18세의 어린 나이에 목숨을 잃었답니다.

**2 문단** 한편 3·1 운동이 일어나기 전인 1919년 2월 8일, 김마리아는 일본에서 한국인 학생들과 함께 모여 독립 선언서를 읽었어요 (2·8 독립 선언). 이후 김마리아는 독립 선언서를 옷 속에 감추고 국내로 들어왔어요. 그리고 전국을 돌아다니며 사람들에게 독립운동을 하자고 **부르짖었답니다.** 특히 여성들에게 독립운동에 적극적으로 참여해 달라고 말했어요. 김마리아가 독립운동에 힘쓴다는 이야기를 들은 일본 경찰은 김마리아를 체포하고 모진 고문을 했어요. 유관순과 김마리아는 모진 고문에도 굴하지 않고 독립을 위해 일제에 맞서 싸운 용감한 여성 독립운동가랍니다.

- 형무소 죄를 지은 사람을 가두어 두고 관리하는 시설이에요.
- 모지다 괴로움이나 아픔 등의 정도가 지나치게 심한 것을 말해요.
- 부르짖다 기쁨이나 슬픔 등의 감정을 소리 높여 크게 떠드는 것을 말해요.

오늘의 날짜        월        일

**1**

중심 낱말

1 문단 의 중심 낱말로 알맞은 것은 무엇인가요?                    (          )

① 유관순              ② 남자현              ③ 김마리아

**2**

중심 내용

1 문단 , 2 문단 의 중심 내용을 알맞게 줄로 이으세요.

        ·

·        김마리아는 일본에서
2·8 독립 선언에 참여했어요.

        ·

·        유관순은 천안 아우내 장터에서
만세 시위를 이끌었어요.

**3**

어휘 표현

다음 (        ) 안에 들어갈 알맞은 낱말을 골라 ○표 하세요.

유관순과 김마리아는 일본 경찰에게 ( **모진** , **부드러운** ) 고문을 당했어요.

**4**

내용 요약

이 글의 내용을 요약했어요. ㉠, ㉡에 들어갈 알맞은 낱말을 이 글에서 찾아 쓰세요.

| 여성 독립 운동가 | 유관순 | 충청남도 ( ㉠ )(으)로 내려가 만세 운동을 주도함. |
| | | 서대문 형무소에서 모진 고문을 당함. |
| | 김마리아 | 일본에서 한국인 학생들과 함께 ( ㉡ )을/를 읽음. |
| | | 일본 경찰에게 모진 고문을 당함. |

㉠ _____        ㉡ _____

 오늘의 **한** 문장 정리

**유관순과 김마리아는 일제에 맞서 싸운 _____ 독립운동가예요.**

# 3일차 블로그

지문분석 동영상강의

# 유관순, 형무소에서 만세를 외치다

---

🏠 유관순의 블로그 ✕

← → C https://blog.daehan.com/yugwansun ☆

내 블로그 | 이웃 블로그 | 블로그 홈 | 로그인

**아우내 열정**
일제에 빼앗긴 나라를 다시 찾기 위해 노력하는 학생입니다.

**목록**

📄 전체 보기
📄 일상(12) N
⋮··🔺 이화 학당(7)
⋮··🔺 서대문 형무소(5)
📄 나의 관심거리(5)
⋮··🔺 만세 시위하기(4)
⋮··🔺 태극기 만들기(1)

**활동 정보** ▲

블로그 이웃 12명
글 보내기 5회

## 대한 독립 만세 외치기

 **아우내 열정** 1920년 3월 1일 19:57　　　　　URL 복사

　오늘은 1920년 3월 1일이에요. 3·1 운동이 일어난 지 딱 일 년이 되는 날이지요. 1919년에 일어난 3·1 운동을 기념해 서대문 형무소에 갇힌 사람들과 함께 감옥 안에서 만세 시위를 했어요. "대한 독립 만세" 소리가 형무소 안에 크게 울려 퍼졌어요.

　작년 오늘, 3·1 운동이 일어났어요. 이화 학당에 다니고 있던 저는 고향인 천안으로 내려와 서울에서 만세 시위가 일어났음을 알렸어요. 저는 마을 사람들에게 우리도 뭔가를 보여 줘야 한다고 하면서 만세 시위를 하자고 이야기했어요. 그리고 1919년 4월 1일, 천안 아우내 장터에서 시위를 벌이기로 했지요. 밤새 태극기를 만들고 준비를 끝낸 뒤, 날이 밝자 장터에 모인 사람들에게 태극기를 나누어 주었어요. 장터에 모인 3,000여 명의 사람들이 저를 따라 다 같이 만세를 불렀어요.

🔺 아우내 독립 만세 운동 기념 공원

　그러자 일본 경찰들이 사람들을 향해 마구 총을 쏘았어요. 이때 제 부모님도 목숨을 잃으셨지요. 저는 체포되어 고문당했고 여기 서대문 형무소로 오게 되었어요. 아마 오늘 시위 때문에 내일은 또 모진 고문을 당하겠지요. 그래도 저는 끝까지 만세를 외칠 거예요.

**오늘의날짜**      월      일

**1** 유관순이 만세 시위를 이끈 지역을 골라 ○표 하세요.

| 광주 | 부산 | 인천 | 천안 |
|------|------|------|------|

**2** 이 블로그의 내용으로 맞으면 ○표, 틀리면 ×표 하세요.

(1) 유관순은 형무소 안에서도 만세 시위를 했어요.      (      )

(2) 유관순은 고향에서 만세 시위를 하다가 체포되었어요.      (      )

(3) 유관순의 부모님은 일본 경찰에게 고문을 당해 목숨을 잃었어요. (      )

**3** 다음 빈칸에 들어갈 알맞은 숫자를 이 블로그에서 찾아 쓰세요.

3·1 운동은 _____ 년 3월 1일에 일어났어요.

**4** 이 블로그에 등장하지 <u>않는</u> 장소는 어디인가요?      (      )

①
🔺 우정총국

②
🔺 서대문 형무소

③
🔺 천안 아우내 장터

# 4일차
## 글

지문분석 동영상강의

# 1920년대 일본군과의 전투를 승리로 이끈 인물은 누구일까요?

**홍범도**
- 1868 ~ 1943년
- 독립운동가
- 봉오동 전투에서 일본군을 물리쳤고, 김좌진이 이끈 독립군 부대와 연합하여 청산리 대첩에서 일본군을 물리침.

**김좌진**
- 1889 ~ 1930년
- 독립운동가
- 독립군 부대를 이끌고 일제에 맞서 무장 독립운동을 펼쳤으며, 홍범도가 이끈 독립군 부대와 연합하여 청산리 대첩에서 일본군을 물리침.

**1 문단** 홍범도는 1919년에 대한 독립군이라는 군대를 만들고 대장이 되었어요. 그는 일본군과의 계속된 전투에서 승리를 이어 나갔지요. 그러자 일본군은 홍범도가 이끄는 대한 독립군을 **진압하기** 위해 봉오동을 공격했어요. 일본군의 공격을 예상하고 있었던 홍범도는 다른 독립군 부대와 **연합** 작전을 펼쳤답니다. 봉오동 주변의 산에 숨어 있던 독립군 연합 부대는 일본군을 유인하여 공격했고, 큰 승리를 거두었어요. 이 전투를 봉오동 전투라고 해요. 꾸준히 독립운동을 펼치던 홍범도는 1937년 **소련**에 의해 다른 한국인들과 함께 중앙아시아로 강제 **이주**당했고, 76세의 나이로 삶을 마쳤답니다.

**2 문단** 한편 김좌진은 1919년에 북로 군정서의 대장이 되었어요. 봉오동 전투에서 큰 패배를 당한 일본군은 독립군에게 복수하려고 했어요. 이에 김좌진과 홍범도의 독립군 부대를 비롯한 여러 독립군 부대들은 청산리 근처로 모였어요. 그리고 일본군과 6일 동안 10여 차례 싸워 큰 승리를 거두었지요. 이 전투가 바로 청산리 대첩이에요. 봉오동 전투와 청산리 대첩은 일제에 시달리던 우리 민족에게 통쾌함과 용기를 주었답니다.

○ **봉오동 전투와 청산리 대첩**

- 진압하다 강제적인 힘으로 억눌러 진정시키는 것을 말해요.
- 연합 여러 단체들을 합쳐서 하나의 조직을 만드는 것을 말해요.
- 소련 유럽 동부와 아시아 북부에 있었던 국가로, 대부분 오늘날의 러시아였어요.
- 이주 원래 살던 곳에서 다른 곳으로 옮기는 일을 말해요.

오늘의 날짜          월          일

**1**

**중심 낱말**

**1문단** 의 중심 낱말로 알맞은 것은 무엇인가요?          (          )

① 김대건          ② 김좌진          ③ 홍범도

**2**

**중심 내용**

**1문단** , **2문단** 의 중심 내용을 알맞게 줄로 이으세요.

**1문단** ·

· 홍범도 등의 활약으로 독립군은 봉오동 전투에서 일본군에 승리했어요.

**2문단** ·

· 김좌진과 홍범도 등의 활약으로 독립군은 청산리 대첩에서 일본군을 물리쳤어요.

3주

**3**

**세부 내용**

이 글의 내용으로 알맞은 것은 무엇인가요?          (          )

① 홍범도는 중앙아시아로 강제 이주당했어요.

② 홍범도는 북로 군정서라는 군대를 만들었어요.

③ 청산리 대첩에서 활약한 사람은 김좌진뿐이에요.

**4**

**내용 요약**

이 글의 내용을 요약했어요. ㉠, ㉡에 들어갈 알맞은 낱말을 이 글에서 찾아 쓰세요.

㉠

홍범도 등이 이끈 독립군 연합 부대가 봉오동에서 일본군과 전투를 벌여 큰 승리를 거둠.

1920년대 무장 독립 전쟁

㉡

홍범도와 김좌진 등이 이끄는 독립군이 청산리 일대에서 일본군과 전투를 벌여 승리를 거둠.

㉠ _____          ㉡ _____

😀 오늘의 **한** 문장 정리

홍범도와 _____ 은 여러 전투에서 일본군에 크게 승리했어요.

# 4일차
## 온라인 대화

지문분석 동영상강의

# 독립군 부대, 일본군에 맞서 싸우다

**1** 일본군을 무찌르자

**홍범도**
안녕하세요, 김 장군님. 오랜만에 연락드립니다.

**김좌진**
안녕하세요, 홍 장군님! 봉오동 전투 소식은 잘 들었습니다. 정말 대단한 승리였습니다.

**홍범도**
그게 어디 저와 대한 독립군의 힘만으로 이룬 승리인가요. 다른 독립군 부대들과 연합한 덕분이지요.

**김좌진**
홍 장군님은 참 겸손하십니다. 봉오동 주변 산에 숨어 있다가 기습 공격을 하셨다고 들었습니다.

**홍범도**
일본군을 봉오동 골짜기로 유인한 뒤 협동 공격을 해 승리를 거두었지요. 이게 그 작전에 쓰인 지도입니다.

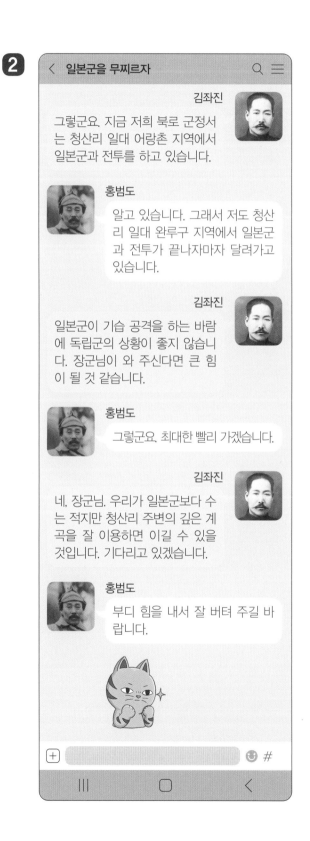

**2** 일본군을 무찌르자

**김좌진**
그렇군요. 지금 저희 북로 군정서는 청산리 일대 어랑촌 지역에서 일본군과 전투를 하고 있습니다.

**홍범도**
알고 있습니다. 그래서 저도 청산리 일대 완루구 지역에서 일본군과 전투가 끝나자마자 달려가고 있습니다.

**김좌진**
일본군이 기습 공격을 하는 바람에 독립군의 상황이 좋지 않습니다. 장군님이 와 주신다면 큰 힘이 될 것 같습니다.

**홍범도**
그렇군요. 최대한 빨리 가겠습니다.

**김좌진**
네, 장군님. 우리가 일본군보다 수는 적지만 청산리 주변의 깊은 계곡을 잘 이용하면 이길 수 있을 것입니다. 기다리고 있겠습니다.

**홍범도**
부디 힘을 내서 잘 버텨 주길 바랍니다.

**1**    봉오동 전투에 참여한 인물을 이 대화에서 찾아 ○표 하세요.

| 김좌진 | 이회영 | 홍범도 |
|---|---|---|

**3주**

**2**    이 대화의 내용으로 맞으면 ○표, 틀리면 ×표 하세요.

(1) 김좌진은 봉오동 전투에서 활약했어요.              (        )

(2) 홍범도는 봉오동 전투를 승리로 이끌었어요.         (        )

(3) 김좌진은 청산리 주변의 계곡을 이용하는 작전을 세웠어요.    (        )

**3**    홍범도와 김좌진이 이끈 군대의 이름을 알맞게 줄로 이으세요.

| 홍범도가 이끈 군대 | • |   | • | 북로 군정서 |
|---|---|---|---|---|
| 김좌진이 이끈 군대 | • |   | • | 대한 독립군 |

**4**    이 대화를 바탕으로 영화를 만들 때 볼 수 <u>없는</u> 장면은 무엇인가요?    (        )

①

⚑ 3·1 운동이 일어나
사람들이 만세 시위를 하는 장면

②

⚑ 김좌진이 이끄는 독립군이
일본군과 전투를 벌이는 장면

③

⚑ 홍범도 등 독립군 연합 부대가
일본군을 기습 공격하는 장면

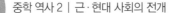

# 5일차

글

# 어린이날을 만든 인물은 누구일까요?

**방정환**
- 1899 ~ 1931년
- 독립운동가, 아동 문학가
- 독립을 위해 아이들을 잘 키워야 한다고 강조하면서 '어린이'라는 말을 처음 사용했고, 평생 동안 어린이 교육과 어린이 인권 보호를 위해 노력함.

**1문단** "앞으로 '어린이'라는 말을 사용합시다." 일제 강점기에 아이들은 천대받고 무시당하기 **일쑤**였어요. 방정환은 아이들이 우리 민족의 독립을 위한 희망이자 미래라고 생각했어요. 그래서 그는 아이들을 **존중하는** 사회를 만들려고 노력했지요. 방정환이 '어린이'라는 말을 사용하기 시작한 까닭도 아이들을 존중하기 위해서였어요. 이러한 방정환의 생각은 많은 사람의 호응을 얻었고 '어린이'라는 말은 빠르게 퍼져 나갔어요. 여기에 힘을 얻어 방정환은 1922년에 동료들과 함께 5월 1일을 어린이날로 정하고 어린이들이 즐거워할 행사를 열었어요. 오늘날처럼 어린이날이 5월 5일로 바뀐 것은 1945년 8월 15일 광복 이후의 일이랍니다.

**2문단** 한편 1923년 방정환은 『어린이』라는 잡지를 만들었어요. 그러자 일제는 방정환을 독립운동가라고 의심하기 시작했어요. 일제는 출간된 『어린이』를 모두 빼앗았고, **검열**을 하여 내용을 강제로 지워 버렸어요. 방정환이 어린이를 위해 하루하루 바쁘게 일하는 동안, 그의 건강은 점점 나빠지고 있었어요. 결국 병원에 입원한 방정환은 입원한 지 7일째 되던 날 세상을 떠났어요. 32세라는 짧은 생을 살았지만 어린이를 위한 방정환의 열정은 오늘날까지 오래도록 이어지고 있답니다.

**1920년대 발행된 어린이날 포스터**

△ 잡지 『어린이』

- 일쑤 흔히 또는 당연히 그러는 일을 말해요.
- 존중하다 높게 여겨 귀하게 대하는 것을 말해요.
- 검열 신문이나 잡지 등의 내용을 사전에 심사하여 발표 여부를 결정하는 일을 뜻해요.

오늘의날짜          월          일

**1** 이 글의 중심 낱말로 알맞은 것은 무엇인가요?                    (          )

중심 낱말

① 김구                    ② 방정환                    ③ 전형필

**2** 1문단, 2문단의 중심 내용을 알맞게 줄로 이으세요.

중심 내용

| 1문단 | • | | • | 방정환은 잡지 어린이를 만들었어요. |
| 2문단 | • | | • | 방정환은 어린이날을 정하고 행사를 열었어요. |

**3** 다음 빈칸에 들어갈 알맞은 낱말을 골라 ○표 하세요.

어휘 표현

방정환은 아이들을 존중하는 사회를 만들기 위해 ＿＿＿＿＿＿＿ 라는 말을 사용하기 시작했어요.

| 늙은이 | 어린이 | 젊은이 |

**4** 방정환이 어린이날로 정한 날짜는 언제인가요?                    (          )

세부 내용

① 5월 1일                    ② 5월 5일                    ③ 5월 8일

🐵 오늘의 **한** 문장 정리

**방정환은 ＿＿＿＿＿＿ 가 존중받는 사회를 만들기 위해 여러 가지 일을 했어요.**

3주

# 5일차 인터뷰

## 방정환이 평생을 바친 일

**1** 어린이의 영원한 친구 방정환 선생님과 이야기 나눠 보겠습니다.

안녕하세요. 방정환입니다.

**2** 선생님께서 어린이에 관심을 두신 까닭은 무엇인가요?

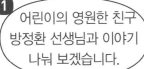

과연 무기를 들고 싸우는 것만이 독립운동일까요?

**3** 일도 못하는데 당장 나가!

어린이야말로 나라를 다시 찾기 위한 가장 강력한 무기인데, 우리는 어린이를 **무시했습니다.**

**4**

저는 어린이를 잘 자라게 하는 것이 독립운동이라고 생각했습니다. 그래서 처음으로 '어린이'라는 말을 사용했고, 어린이에게 '존댓말 쓰기 운동'을 한 것이지요.

**5** 그렇군요. 어린이날도 그런 뜻에서 만드신 건가요?

네, 어린이날을 만들고 어린이들이 재밌게 즐길 수 있는 행사를 열었습니다. 이후에 아이들을 위한 잡지인 『어린이』를 만들기도 했어요.

**6** 저는 어린이를 위해 평생을 바친 것을 절대 후회하지 않습니다. 여러분들도 어린이를 존중하고 사랑해 주세요. 어린이가 곧 미래입니다.

어린이날 기념행사

• **무시하다** 중요하게 생각하지 않는 것을 말해요.

오늘의 날짜          월          일

**1** 방정환이 관심을 둔 것으로 알맞은 것은 무엇인가요? ( )

① 돈                    ② 어린이                    ③ 문화유산

**2** 이 인터뷰의 내용으로 맞으면 ○표, 틀리면 ×표 하세요.

⑴ 방정환은 어린이를 무시했어요.                    ( )

⑵ 방정환은 '어린이'라는 말을 처음으로 사용했어요.          ( )

⑶ 방정환은 어린이에게 '존댓말 쓰기 운동'을 했어요.          ( )

**3** 다음 빈칸에 들어갈 알맞은 낱말을 이 인터뷰에서 찾아 쓰세요.

방정환은 _____ 을/를 만들어서 어린이들이 재밌게 즐길 수

있는 행사를 열었어요.

**4** 방정환이 만든 잡지로 알맞은 것은 무엇인가요? ( )

①

⚠ 근우

②

⚠ 한글

③

⚠ 어린이

1~5일 지문에서 나온 중요 어휘를 정리해 보세요.

**1** 밑줄 친 낱말의 뜻을 알맞게 줄로 이으세요.

이회영은 조선의 **명문** 출신이에요.

이름난 좋은 집안

안창호는 **조국**의 독립을 보지 못했어요.

어떤 단체에 소속된 사람

유관순은 감옥에서 **모진** 고문을 받았어요.

조상 때부터 대대로 살던 나라

안창호는 대한민국 임시 정부의 **일원**이었어요.

강제적인 힘으로 억눌러 진정시키다.

봉오동에서 여러 독립군 부대가 **연합** 작전을 펼쳤어요.

괴로움이나 아픔 등의 정도가 지나치게 심하다.

일본군이 대한 독립군을 **진압하기** 위해 봉오동을 공격했어요.

여러 단체들을 합쳐서 하나의 조직을 만드는 것

**2** 밑줄 친 낱말과 뜻이 비슷한 낱말을 〈보기〉에서 찾아 빈칸에 쓰세요.

─────────〈보기〉─────────
|   자금   |   검사하다   |   이주하다   |   저항하다   |   환영하다   |

(1) 유관순은 서대문 형무소에서도 일제에 **항거했어요**.        _____
　　　　　　　　　　　순순히 따르지 않고 맞서서 반대하다.

(2) 임시 정부 관리들은 안창호를 반갑게 **맞아** 주었어요.        _____
　　　　　　　　　　　오는 사람을 예의를 갖추어 받아들이다.

(3) 홍범도는 소련에 의해 중앙아시아로 강제 **전출당했어요**.        _____
　　　　　　　　　　　이전 거주지에서 새 거주지로 옮기다.

(4) 일제는 잡지 어린이를 **검열하고** 내용을 강제로 지웠어요.        _____
　　　　　　　　　　　신문이나 잡지 등의 내용을 사전에 심사하여 발표 여부를 결정하다.

(5) 이회영은 헤이그 특사 파견을 계획하고 **밑천**을 지원했어요.        _____
　　　　　　　　　　　어떤 일을 하는 데 바탕이 되는 돈

**3** 다음 문장의 밑줄 친 낱말을 바르게 고쳐 빈칸에 쓰세요.

(1) 유관순은 일본 경찰에게 붙잡혀 **채포되었어요**.        _____

(2) 안창호는 평양에서 애국심을 **북돋는** 연설을 했어요.        _____

(3) 김마리아는 사람들에게 독립운동을 하자고 **부르짓었어요**.        _____

(4) 일제 강점기에 아이들은 천대받고 무시당하기 **일수였어요**.        _____

(5) 독립군 연합 부대는 일본군과 6일 동안 10여 **차례** 싸워 승리했어요.

_____

# 4주

**1일**

## 이봉창

**1932년**

이봉창이 도쿄에서 일본 왕에게 폭탄을 던졌어요.

**2일**

## 이육사

**1932년**

이육사가 군사 학교에 입학했어요.

**1932년**

윤봉길이 상하이 훙커우 공원에서 폭탄을 던졌어요.

연표를 따라가며 **4주차**에 만날 인물의
**이름**과 살았던 때, **활동**을 살펴보세요.

**3일**

**전형필**

**1938년**

전형필이 보화각이라는
박물관을 세웠어요.

**4일**

**김구**

**1948년**

김구가 통일 정부 수립을
위해 협상을 벌였어요.

**5일**

**전태일**

**1970년**

전태일이 근로 기준법 준수를
요구하며 시위했어요.

**1945년**
우리나라가 광복을
맞이했어요.

**1950년**
6·25 전쟁이
일어났어요.

# 일본군을 향해 폭탄을 던진 인물은 누구일까요?

**이봉창**
- 1900 ~ 1932년
- 독립운동가
- 일제 강점기에 한인 애국단의 단원으로서 일본 왕이 탄 마차를 향해 폭탄을 던졌지만 뜻을 이루지 못함.

**1문단** 집안 형편이 어려웠던 이봉창은 초등학교를 졸업한 후 조선과 일본에서 일하며 **생계**를 유지했어요. 그러다가 조선인이 받는 차별과 무시를 직접 경험하면서 독립운동에 뛰어들게 되었지요. 그는 중국으로 건너가 대한민국 임시 정부를 이끌던 김구가 만든 독립운동 단체인 한인 애국단에 가입했어요. 그리고 일본 왕을 **처단하기로** 마음먹고 김구에게 받은 폭탄을 몸에 숨긴 채 일본으로 향했어요. 마침내 1932년 1월, 이봉창은 도쿄에서 일본 왕이 탄 마차를 향해 폭탄을 던졌어요. 하지만 폭탄의 **위력**이 예상보다 약했고, 일본 왕이 탄 마차는 이미 지나간 뒤였어요. 이봉창은 일본 경찰에게 체포되어 감옥에서 모진 고문을 당하다가 짧은 생을 마쳤어요.

**윤봉길**
- 1908 ~ 1932년
- 독립운동가
- 일제 강점기에 한인 애국단의 단원으로 활약했고, 중국 상하이 훙커우 공원에서 일제를 향해 폭탄을 던짐.

**2문단** 이봉창의 **의거** 소식을 들은 윤봉길은 김구를 찾아갔어요. 그는 일본 왕의 생일 축하 겸 일본의 중국 상하이 차지 기념행사가 열린다는 소식을 듣고 행사장에 폭탄을 던지기로 결심했지요. 1932년 4월, 윤봉길은 상하이 훙커우 공원에서 행사장의 단상 위로 물통 모양의 폭탄을 던져 일본 주요 관리들을 죽거나 다치게 했어요. 윤봉길은 그 현장에서 일본 군인에게 바로 체포되었고, 일본의 한 감옥에서 죽음을 당했어요. 윤봉길의 의거는 우리 민족의 독립운동에 큰 영향을 주었고, 이를 **계기**로 대한민국 임시 정부는 독립운동에 대한 중국 정부의 지원을 받게 되었어요.

- 생계 살림을 꾸리고 살아가는 방법을 말해요.
- 처단하다 결정적인 판단을 내려 처리하는 것을 말해요.
- 위력 상대방을 눌러 꼼짝 못 하게 할 만큼 매우 강한 힘을 말해요.
- 의거 의로운 일을 위해 일어서는 것 또는 그런 사건을 뜻해요.
- 계기 어떤 일이 일어나도록 만드는 결정적인 원인이나 기회를 말해요.

오늘의 날짜          월          일

**1**
중심 낱말

1문단 의 중심 낱말로 알맞은 것은 무엇인가요?          (          )

① 김구                    ② 윤봉길                    ③ 이봉창

**2**
중심 내용

1문단 , 2문단 의 중심 내용을 알맞게 줄로 이으세요.

1문단  ·

·  이봉창은 일본 왕이 탄 마차를
향해 폭탄을 던졌어요.

2문단  ·

·  윤봉길은 중국 상하이 훙커우
공원에서 폭탄을 던졌어요.

**3**
어휘 표현

다음 (          ) 안에 들어갈 알맞은 낱말을 골라 ○표 하세요.

윤봉길의 폭탄 ( 의거 , 의지 )를 계기로 대한민국 임시 정부는 독립운동에
대한 중국 정부의 지원을 받게 되었어요.

**4**
내용 요약

이 글의 내용을 요약했어요. ㉠, ㉡에 들어갈 알맞은 낱말을 이 글에서 찾아 쓰세요.

㉠

• 의거 대상: 일본 왕
• 장소: 일본 도쿄
• 도구: 폭탄
• 결과: 실패

한인 애국단

㉡

• 의거 대상: 일본 주요 관리
• 장소: 중국 상하이 훙커우 공원
• 도구: 물통 모양 폭탄
• 결과: 성공

㉠ ＿＿＿＿＿＿＿＿          ㉡ ＿＿＿＿＿＿＿＿

🥤 오늘의 **한** 문장 정리

이봉창과 윤봉길은 독립을 위해 일본군에게 ＿＿＿＿＿＿＿ 을 던졌어요.

# 1일차
## 시나리오

# 두 남자의 시계 이야기

**상황 1** 김구와 윤봉길이 마주 앉은 책상 위에 반찬과 고깃국이 놓여 있다.
윤봉길은 밥 한 그릇을 깨끗이 비웠고, 김구는 윤봉길을 비장하게 바라만 보고 있다.

윤봉길　(시계를 내밀며) 선생님 시계가 많이 낡았습니다. 제 시계와 바꾸시지요.
김구　　시계를 바꾸자니 그게 무슨 소리입니까?
윤봉길　제 시계는 6원을 주고 산 좋은 시계입니다. 그런데 선생님 시계는 2원짜리니 저하고 바꾸
시지요. 제 시계는 앞으로 한 시간 밖에는 쓸 수 없으니까요. 선생님께서는 끝까지 살아남
아 우리 민족의 독립을 지켜보아 주십시오.
김구　　(윤봉길의 손을 잡으며) 윤 동지! 훗날 다시 만납시다.

（장면 바뀌면서）

**상황 2** 윤봉길은 물통 모양의 폭탄을 들고 기념행사가 열리는 훙커우 공원으로 향하고
김구는 창문 밖을 바라보고 있다. 이후 공원 쪽에서 폭발음이 들린다.

♩♪🎜 효과음: 쓸쓸함이 느껴지는 음악 ♩♪🎜
김구　　(눈물을 훔치며) 우리는 동지의 희생을 끝까지 기억할 것이오.

・・・・・

• 비장하다 슬픈 감정을 참고 씩씩하게 있는 모습을 말해요.
• 동지 목적이 서로 같은 사람을 말해요.

**1** 이 시나리오에 등장하지 <u>않는</u> 인물은 누구인가요?          (          )

① 김구                 ② 윤봉길                 ③ 이봉창


**2** 이 시나리오 속 장면과 관련된 사건은 무엇인가요?          (          )

① 3·1 운동

② 청산리 대첩

③ 훙커우 공원 의거


**3** 이 시나리오의 내용으로 맞으면 ○표, 틀리면 ×표 하세요.

⑴ 윤봉길은 물통 모양의 폭탄을 챙겼어요.                    (          )

⑵ 김구는 윤봉길에게 시계를 바꾸자고 했어요.               (          )

⑶ 김구는 윤봉길과 함께 훙커우 공원에 갔어요.              (          )


**4** 이 연극에 사용할 소품으로 알맞지 <u>않은</u> 것을 골라 ○표 하세요.

|        시계        |        폭탄        |        혼천의        |

# 시를 써서 독립에 대한 의지와 열망을 드러낸 인물은 누구일까요?

**이육사**
- 1904 ~ 1944년
- 독립운동가, 시인
- 일제 강점기에 시를 써서 우리 민족의 자존심을 지키고, 독립에 대한 높은 의지를 드러냄.

**1 문단** 이육사의 본래 이름은 이원록이에요. 그는 우리 민족의 고통스러운 역사를 잊지 않기 위해 독립운동을 하다가 처음 감옥에 갇혔을 때 **부여된** 죄수 번호인 264를 자신의 이름으로 사용했어요. 이육사는 독립운동 단체인 의열단에 가입하고 군사 학교에 입학하는 등 **무장** 독립운동에 참여했어요. 그러다가 일본 경찰에 붙잡혀 여러 차례 감옥살이를 해 건강이 나빠졌어요. 그래서 더 이상 무장 독립운동을 할 수 없게 되었지요. 그러자 민족정신을 담은 글을 써서 일제에 저항하기로 마음먹었어요. 이육사는 '청포도', '절정', '광야' 등 일제에 대한 저항 정신을 담은 시를 지었어요. 그의 시는 우리 민족의 정신을 깨우고 깊은 감동을 주었답니다.

**윤동주**
- 1917 ~ 1945년
- 독립운동가, 시인
- 일제의 괴롭힘에 고통받는 민족의 현실을 가슴 아프게 생각하며, 시를 써서 독립에 대한 열망을 드러냄.

**2 문단** 윤동주도 이육사처럼 우리 민족의 독립을 꿈꾸며 '별 헤는 밤', '서시' 등 일제에 저항하는 시를 쓴 사람이에요. 그는 일제 강점기의 슬픈 현실과 그 속에서 자신을 반성하는 내용을 시에 담았어요. 윤동주는 일본에서 생활하면서 한국인 학생들과 함께 우리 역사와 문화에 관한 책을 읽고, 일본에 대한 저항 의식을 높이는 토론을 했어요. 이러한 애국 활동이 일본 경찰에게 들통나면서 윤동주는 감옥살이를 하게 되었어요. 그리고 젊은 나이에 감옥에서 죽음을 맞이하고 말았어요. 윤동주는 **무력**을 사용해 일제에 맞서는 대신 시를 통해 자신의 저항 의지를 알리고 많은 사람에게 위로를 건넨 저항 시인이랍니다.

- 부여되다 나뉘어 주어지는 것을 말해요.
- 무장 전쟁이나 전투에 필요한 장비를 갖추는 것을 말해요.
- 무력 때리거나 부수는 등 몸을 사용한 힘을 말해요.

**1**

중심 낱말

[1 문단] 의 중심 낱말로 알맞은 것은 무엇인가요?          (          )

① 윤동주                ② 윤봉길                ③ 이육사

**2**

중심 내용

[1 문단] , [2 문단] 의 중심 내용을 알맞게 줄로 이으세요.

[1 문단] ·

· 윤동주는 민족의 슬픈 현실과 자신을
반성하는 내용을 시에 담았어요.

[2 문단] ·

· 이육사는 일제에 대한 저항 정신을
담은 시를 지었어요.

**4주**

**3**

내용 추론

이육사가 무장 독립운동을 할 수 없게 된 까닭으로 알맞은 것은 무엇인가요?

(          )

① 건강이 나빠졌기 때문에
② 비용이 많이 들기 때문에
③ 부모님이 반대했기 때문에

**4**

세부 내용

윤동주가 쓴 시로 알맞은 것을 이 글에서 모두 찾아 ○표 하세요.

광야                서시                별 헤는 밤

😀 오늘의 (한) 문장 정리

**이육사와 윤동주는 _____ 를 써서 독립에 대한 의지를 드러냈어요.**

# 2일차
## 웹툰

# 이육사, 자신의 삶을 돌아보다

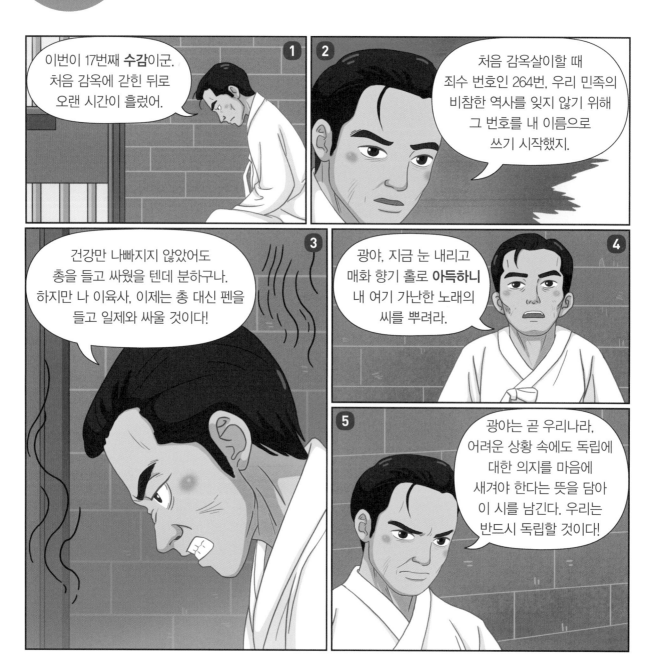

- 수감 사람을 감옥에 가두는 것을 말해요.
- 아득하다 보이거나 들리는 것이 희미하고 매우 멀리 있음을 말해요.

**오늘의날짜**    **월**    **일**

**1** 이육사의 직업으로 알맞지 <u>않은</u> 것은 무엇인가요?                    (          )

① 시인                    ② 과학자                    ③ 독립운동가

**2** 이 웹툰의 내용으로 맞으면 ○표, 틀리면 ×표 하세요.

(1) 이육사는 감옥에 17번 수감되었어요.                    (          )

(2) 이육사의 시에는 가족에 대한 사랑이 담겨 있어요.                    (          )

(3) 이육사는 죄수 번호인 264번을 이름으로 사용했어요.                    (          )

4주

**3** 이육사가 쓴 시의 제목인 '광야'에 해당하는 것을 골라 ○표 하세요.

| 일본 | 중국 | 우리나라 |

**4** 이 웹툰을 바탕으로 영화를 만들 때 볼 수 <u>없는</u> 장면은 무엇인가요?    (          )

①
🔺 이육사가 감옥에 수감되어 있는 장면

②
🔺 이육사가 시를 쓰고 있는 장면

③
🔺 이육사가 일본 총독에게 총을 쏘는 장면

**3일차**
글

# 전 재산을 바쳐 우리 문화유산을 지킨 인물은 누구일까요?

**전형필**
• 1906 ~ 1962년
• 문화유산 수집가, 독립운동가
• 일제 강점기에 우리 민족의 정신을 지키기 위해 전 재산을 바쳐 문화유산을 수집함.

**1 문단** "내 **기필코** 우리 문화유산을 지키리라." 전형필은 서울에서 부자로 널리 알려진 집안에서 태어났어요. 전형필은 아버지로부터 일본에게 나쁜 일을 당하는 한국인을 도와야 한다는 말을 듣고, 일본으로 **유학**을 가 법을 공부하기 시작했어요. 그러던 중 갑자기 아버지가 돌아가시면서 전형필은 집안의 재산을 물려받게 되어 큰 부자가 되었어요. 그리고 그때 전형필은 자신의 운명을 바꾼 독립운동가 오세창을 만났어요. 오세창은 전형필에게 우리 문화유산의 소중함을 알려 줬고, 이에 전형필은 전 재산을 바쳐 우리 문화유산을 지켜 내기로 다짐했어요. 일제가 우리 문화유산을 빼앗고 파괴하는 상황에서 자신만의 방식으로 나라를 되찾기 위한 독립운동을 한 것이랍니다.

**2 문단** 전형필은 자신의 재산을 아끼지 않고 옛 그림과 서적, 도자기, 불상, 석탑 등 수많은 문화유산을 사들였어요. 그리고는 '빛나는 보물을 모아 둔 집'을 뜻하는 '보화각'이라는 박물관을 세워 문화유산을 전시했어요. 누구나 우리 문화유산을 볼 수 있도록 한 것이지요. 보화각은 전형필이 죽은 후 **간송**미술관으로 이름이 바뀌었어요. 자신이 가진 재산을 모두 바쳐 우리 문화유산을 지켜낸 전형필과 동료들의 노력이 있었기에 오늘날 우리는 많은 문화유산들을 볼 수 있는 것이랍니다.

⌂ **간송미술관**

📍 **전형필이 가장 소중히 여긴
『훈민정음해례본』**

전형필은 자신이 수집한 보물 중 훈민정음이 만들어진 원리를 설명한 책인 『훈민정음해례본』을 가장 귀하게 여겼어요. 6·25 전쟁 중에도 잃어버릴까 봐 항상 가슴에 품고 다녔다고 해요.

• 기필코 '무슨 일이 있더라도 꼭'이라는 뜻이에요.
• 유학 외국에 머물면서 공부하는 일을 말해요.
• 간송 전형필의 호로 맑은 물과 푸른 소나무라는 뜻이에요.

**오늘의 날짜**     월     일

**1**
중심 낱말

이 글의 중심 낱말로 알맞은 것은 무엇인가요?      (      )

① 전봉준          ② 전형필          ③ 오세창

**2**
중심 내용

1 문단 , 2 문단 의 중심 내용을 알맞게 줄로 이으세요.

1 문단 •

2 문단 •

• 전형필은 전 재산을 바쳐 우리 문화유산을 지켜 내기로 다짐했어요.

• 전형필은 우리 문화유산을 누구라도 볼 수 있도록 박물관을 세웠어요.

**3**
세부 내용

이 글의 내용으로 알맞은 것은 무엇인가요?      (      )

① 전형필은 가난한 집안에서 태어났어요.
② 전형필은 독립운동을 위해 군대를 만들었어요.
③ 전형필은 옛 서적, 도자기 등 우리 문화유산을 사들였어요.

**4**
어휘 표현

다음 빈칸에 들어갈 알맞은 낱말을 이 글에서 찾아 쓰세요.

전형필이 누구나 우리 문화유산을 볼 수 있도록 하기 위해 만든 '보화각'
은 그가 죽은 후 _____ 미술관으로 이름이 바뀌었어요.

 오늘의 **한** 문장 정리

전형필은 전 재산을 바친 자신만의 방식으로 _____ 운동을 했어요.

# 3일차
## 광고

지문분석 동영상강의

# 문화유산만 알았던 바보 부자, 전형필

에듀윌영화

https://eduwillmovie.com/jeonhyeongpil

**전 재산을 바쳐 우리 문화유산을 지킨 전형필의 이야기가 여러분을 찾아갑니다!**

**일제 강점기**

**우리 민족을 돕고자 한 전형필**

오세창을 만나 우리 민족의 정신이 깃든 문화유산의 소중함을 깨닫는다.

영화 주요 장면

### 줄거리

서울에서 이름난 부잣집에서 태어난 전형필은 아버지의 갑작스러운 죽음으로 엄청난 재산을 물려받게 된다. 이때 독립운동가 오세창을 만나 우리 문화유산의 소중함을 알게 된 전형필은 전 재산을 바쳐 우리 문화유산을 수집한다. 1938년, 전형필은 누구나 우리 문화유산을 볼 수 있도록 국내 최초의 사립 박물관인 보화각을 개관하는데 ……

• 개관하다 박물관이나 도서관, 체육관 등이 처음으로 문을 여는 것을 말해요.

**1** 이 영화에 등장하지 <u>않는</u> 인물을 골라 ○표 하세요.

| 방정환 | 전형필 | 오세창 |

**2** 이 영화의 내용으로 맞으면 ○표, 틀리면 ×표 하세요.

(1) 전형필은 부산에서 태어났어요.                    (        )

(2) 전형필은 엄청난 재산을 물려받았어요.              (        )

(3) 전형필은 독립운동가 오세창을 만났어요.            (        )

**4주**

**3** 이 영화의 주요 장면으로 알맞지 <u>않은</u> 것은 무엇인가요?        (        )

①
🔺 전형필이 문화유산을 모아 박물관을 세우는 장면

②
🔺 전형필이 돈을 벌기 위해 문화유산을 판매하는 장면

③
🔺 전형필이 오세창과 문화유산의 소중함에 대해 이야기하는 장면

**4** 이 영화의 제목으로 알맞은 것은 무엇인가요?        (        )

① 옛것을 모으는 아름다운 부자 이야기

② 전 재산을 바쳐 독립군을 키운 부자 이야기

③ 일본 군인에게 폭탄을 던진 독립운동가 이야기

# 4일차
## 글

# 비슷하지만 다른 삶을 살았던 두 명의 독립운동가는 누구일까요?

**김구**
- 1876 ~ 1949년
- 독립운동가, 정치인
- 일제 강점기에는 주로 대한 민국 임시 정부에서 독립운 동을 했고, 광복 후에는 통 일 정부를 수립하기 위해 노력함.

**이승만**
- 1875 ~ 1965년
- 독립운동가, 정치인
- 일제 강점기에는 주로 미국 을 비롯한 해외에서 독립운 동을 했고, 광복 후에는 우 리나라 제1대 대통령으로 뽑힘.

**1문단** 국내에서 **의병** 활동을 하던 김구는 1919년 3·1 운동 직후 중국 상하이로 건너갔어요. 그리고 중국 상하이에 세워진 대한민국 임시 정부의 중심이 되어 독립운동을 이끌었지요. 일제의 탄압으로 임시 정부가 어려움에 빠지자 김구는 임시 정부에 힘을 불어넣기 위해 한인 애국단을 만들었어요. 한인 애국단원인 이봉창과 윤봉길의 의거는 우리 민족의 독립 의지를 국내외에 널리 알렸어요. 광복 후 국내로 돌아온 김구는 이승만이 북한을 뺀 남한만의 단독 정부를 세우려고 하자, 북쪽으로 가서 남북한 통일 정부를 세우기 위한 **협상**을 벌였어요. 그러나 결국 김구의 노력은 실패했고, 남한과 북한에는 각각 단독 정부가 들어서고 말았답니다.

**2문단** 한편 이승만은 김구와 다르게 일찍부터 미국으로 건너가 독립운동을 했어요. 3·1 운동 이후에는 중국 상하이에 세워진 대한민국 임시 정부의 첫 번째 대통령이 되었어요. 광복 후 국내로 돌아온 이승만은 남한만의 단독 정부를 수립해야 한다고 주장했어요. 김구와 반대되는 입장이었지요. 결국 1948년에 대한민국 정부가 수립되었고, 이승만은 우리나라의 첫 번째 대통령이 되었어요. 이후 **독재**를 계속하던 이승만은 시민들이 일으킨 4·19 혁명으로 대통령 자리에서 물러났어요. 이처럼 김구와 이승만은 모두 독립운동을 했지만, 광복 후에는 전혀 다른 활동을 했답니다.

- **의병** 외적을 물리치기 위해 백성들이 스스로 조직한 군대예요.
- **협상** 어떤 결정을 하기 위해 여러 사람이 서로 이야기하는 것을 말해요.
- **독재** 특정 개인이나 단체 등이 권력을 차지하고 모든 일을 마음대로 처리하는 것을 말해요.

오늘의 날짜          월          일

**1**
중심 낱말

**1문단** 의 중심 낱말로 알맞은 것은 무엇인가요?          (          )

① 김구          ② 윤봉길          ③ 이승만

**2**
중심 내용

**1문단** , **2문단** 의 중심 내용을 알맞게 줄로 이으세요.

 ·

· 독립운동을 펼쳤던 이승만은 광복 후 남한만의 단독 정부 수립을 주장했어요.

 ·

· 독립운동을 이끌었던 김구는 광복 후 통일 정부를 세우기 위해 노력했어요.

**3**
어휘 표현

다음 빈칸에 들어갈 알맞은 낱말을 이 글에서 찾아 쓰세요.

김구는 임시 정부가 어려움에 빠지자 _____ 을/를 만들었어요.

**4**
내용 요약

이 글의 내용을 요약했어요. ㉠, ㉡에 들어갈 알맞은 낱말을 이 글에서 찾아 쓰세요.

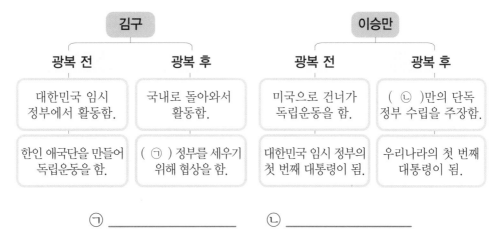

㉠ _____          ㉡ _____

🤖 오늘의 **한** 문장 정리

광복 후 _____ 는 통일 정부 수립을 위해 노력했고, 이승만은 우리나라의 첫 번째 대통령이 되었어요.

# 4일차
## 인터뷰

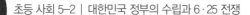

# 우리 민족의 지도자, 김구

**1**
민족의 지도자이신 김구 선생님과 이야기 나눠 보겠습니다.

안녕하세요. 김구입니다.

**2**
선생님께서는 3·1 운동 이후 중국 상하이로 건너가 대한민국 임시 정부에서 활동하셨지요?

네, 임시 정부의 **문지기**가 되겠다고 다짐하고 대한민국 임시 정부를 이끌었습니다.

**3**
임시 정부에 위기가 있었다고 알고 있는데, 그때의 위기를 어떻게 극복하셨나요?

일본 주요 인물과 시설을 공격하는 등의 **투쟁**을 위해 한인 애국단을 만들었습니다. 이봉창, 윤봉길 등이 활동했지요.

**4**
이후 한국광복군을 만드셨는데 군대를 통해 이루고자 하신 것은 무엇인가요?

한국광복군은 대한민국 임시 정부가 만든 최초의 군대입니다. 한국광복군을 국내로 **진입시켜** 우리 손으로 직접 독립을 이루고자 했지요.

**5**
광복 후에는 통일 정부 수립을 위해 노력하셨는데, 결국 남한과 북한에 각각 정부가 수립되어서 속상하셨겠어요.

참으로 가슴이 아픈 일이지요. 마음을 모아 하나의 정부를 세웠어야 했는데 ……. 너무나 슬픈 일이에요.

**6**
마지막으로 후손들에게 한 말씀 부탁드릴게요.

우리 국민 모두가 함께 노력한다면 전 세계에서 손꼽히는 강한 힘과 높은 수준의 문화를 가진 나라가 될 수 있을 거예요.

- **문지기** 문을 지키는 사람을 말해요.
- **투쟁** 어떤 대상을 이기기 위해 싸우는 것을 말해요.
- **진입하다** 목적한 곳으로 들어서거나 일정한 상태에 들어가는 것을 말해요.

● 바른답과 도움말 12쪽

**오늘의 날짜**          월          일

**1** 김구가 중국으로 건너가 이끈 정부의 이름을 이 인터뷰에서 찾아 쓰세요.

✎ _____

**2** 이 인터뷰의 내용으로 맞으면 ○표, 틀리면 ×표 하세요.

(1) 김구는 투쟁을 위해 한인 애국단을 만들었어요.          (          )

(2) 김구는 3·1 운동 이후 중국 상하이로 건너갔어요.          (          )

(3) 김구는 광복 후 남한만의 단독 정부 수립을 주장했어요.          (          )

**4주**

**3** 다음 빈칸에 들어갈 알맞은 낱말은 무엇인가요?          (          )

> 김구는 대한민국 임시 정부가 만든 최초의 군대인 _____ 을/를
>
> 통해 우리 손으로 직접 독립을 이루고자 했어요.

① 한국광복군                ② 대한 독립군                ③ 북로 군정서

**4** 이 인터뷰를 바탕으로 영화를 만들 때 볼 수 <u>없는</u> 장면은 무엇인가요?  (          )

① 🔺 김구가 대한민국 임시 정부를 이끄는 장면

② 🔺 김구가 대한민국의 대통령으로 뽑힌 장면

③ 🔺 김구가 통일 정부 수립을 주장하는 장면

# 5일차
## 글

# 자신의 몸에 불을 붙여 시위를 한 인물은 누구일까요?

**전태일**
- 1948 ~ 1970년
- 노동 운동가
- 열악한 노동환경 현실에 눈을 뜬 뒤 노동 환경을 개선하고 근로 기준법을 지키라고 주장하면서 자신의 몸에 불을 붙임.

**1 문단** 전태일은 가난한 집안에서 태어났어요. 형편이 어려웠기 때문에 그는 가족을 위해 초등학교를 그만두고 시장에서 일할 수밖에 없었어요. 전태일은 17살이 되었을 때 서울 평화 시장에 있는 옷 만드는 공장에서 일을 시작했어요. 밤낮으로 열심히 일했지요. 시간이 흐르면서 전태일은 점차 **열악한** 노동 환경에 대해 눈을 뜨기 시작했어요. 전태일이 일하던 평화 시장에는 수많은 공장이 있었어요. 햇볕조차 들지 않는 좁은 공간에서 많은 노동자들이 하루 14시간 이상의 오랜 노동 시간에 시달리고 있었지요. 특히 전태일은 나이 어린 소녀나 여성 노동자들이 고통받는 것에 화가 났답니다.

**2 문단** 그러던 중 전태일은 노동자의 기본적인 권리를 정한 법인 **근로 기준법**이라는 것이 있음을 알게 되었어요. 그는 동료들과 함께 근로 기준법이 지켜질 수 있도록 여러 방면으로 노력했어요. 하지만 당시 정부는 노동자의 기본적인 권리 보장보다 경제 성장을 더 중요하게 생각하고 있었어요. 그래서 전태일의 말에 귀 기울이지 않았어요. 결국 전태일은 1970년 11월에 동료들과 함께 평화 시장에서 시위를 벌였어요. 경찰의 방해 때문에 시위가 실패할 위기에 놓이자, 그는 휘발유를 자신의 몸에 붓고 불을 붙여 스스로 목숨을 끊었어요. 당시 국민들은 젊은 청년의 죽음에 큰 충격을 받았어요. 이 사건을 계기로 이후 많은 사람들이 노력하여 노동 환경이 **개선되었답니다.**

📍 **전태일의 외침**

1970년 11월 13일 전태일은 "근로 기준법을 준수하라. 우리는 기계가 아니다. 일요일은 쉬게 하라! 내 죽음을 헛되이 하지 말라!"라고 외쳤어요. 전태일의 장례식에서 그의 가족들이 울음을 터뜨리며 슬퍼했어요.

- **열악하다** 시설이나 환경 등이 매우 나쁜 상태를 말해요.
- **근로 기준법** 우리나라 최고의 법인 헌법에 근거하여 근로 조건의 기준을 정해 놓은 법이에요.
- **개선되다** 부족한 점이나 잘못된 점을 고쳐서 더 좋아지게 되는 것을 말해요.

오늘의날짜          월          일

**1**

중심 낱말

이 글의 중심 낱말로 알맞은 것은 무엇인가요?          (          )

① 전태일          ② 전형필          ③ 홍범도

**2**

중심 내용

1문단 , 2문단 의 중심 내용을 알맞게 줄로 이으세요.

1문단  ·

2문단  ·

· 전태일은 열악한 노동 환경에 눈을 뜨게 되었어요.

· 전태일의 죽음을 계기로 노동 환경이 개선되었어요.

**3**

세부 내용

이 글의 내용으로 알맞은 것은 무엇인가요?          (          )

① 전태일은 부유한 집안에서 태어났어요.

② 전태일은 일본에 유학하러 가서 법을 공부했어요.

③ 전태일은 자신의 몸에 불을 붙여 스스로 목숨을 끊었어요.

**4**

어휘 표현

다음 빈칸에 들어갈 알맞은 낱말을 이 글에서 찾아 쓰세요.

전태일은 노동자의 기본적인 권리를 정한 법인 ＿＿＿＿＿＿＿ 이/가 지켜질 수 있도록 여러 방면으로 노력했어요.

 오늘의 **한** 문장 정리

**전태일은 ＿＿＿＿＿＿＿ 을 지키라고 주장하며 자신의 몸에 불을 붙였어요.**

4주

# 5일차 초대장

## 아름다운 불꽃 청년, 전태일

한 청년의 진실이 세상을 움직이다

**평화 시장 사람들과 전태일의**

**끝나지 않은 이야기**

근로기준법

### 영화 시사회에 초대합니다

### 특별 시사회

- **일시** 20○○년 ○○월 ○○일 오후 7시 30분
- **장소** EDU 스퀘어몰(서울시 구로구 디지털로34길 55)
- **영화 내용** 노동자의 권리 보장을 위해 동료들과 시위를 하다가 자기 몸에 불을 붙인 전태일 이야기

### 시사회 안내 사항

- 상영 시간 20분 전까지 오셔서 티켓을 받아 가시기 바랍니다.
- 영화관 이용 시 '지하 3층' 주차장을 이용하시면 편리합니다.
- 주차비 정산기에 종이 티켓을 인증하시면 주차비를 할인받으실 수 있습니다.

**1** 이 영화의 주제로 알맞은 것은 무엇인가요?                    (          )

① 노동 운동                    ② 선거 운동                    ③ 통일 운동

**2** 이 초대장의 내용으로 맞으면 ○표, 틀리면 ×표 하세요.

⑴ 시사회는 오후 7시 30분에 시작해요.                              (          )
⑵ 시사회 장소는 EDU 스퀘어몰이에요.                              (          )
⑶ 상영 시간 10분 전까지 와서 티켓을 받아 가야 해요.          (          )

4주

**3** 이 영화의 제목으로 알맞은 것은 무엇인가요?                    (          )

① 세상을 바꾼 희망의 불꽃, 전태일
② 총 한 자루에 희망을 담은 독립운동가, 전태일
③ 전 재산을 들여 문화유산을 수집한 부자, 전태일

**4** 이 영화에서 볼 수 <u>없는</u> 장면으로 알맞은 것은 무엇인가요?    (          )

①
②
③

⬥ 전태일과 동료들이
시위를 준비하는 장면

⬥ 어린 전태일이 초등학교를
졸업하는 장면

⬥ 몸에 불을 붙인 전태일이
울며 부르짖는 장면

**1** 밑줄 친 낱말의 뜻을 알맞게 줄로 이으세요.

| | |
|---|---|
| 이육사는 **무장** 독립운동에 참여했어요. | 외국에 머물면서 공부하는 일 |
| 이봉창은 일본 왕을 **처단하기로** 마음먹었어요. | 결정적인 판단을 내려 처리하다. |
| 전태일은 **근로 기준법**이 준수되기를 바랐어요. | 근로 조건의 기준을 정해 놓은 법 |
| 전형필은 일본에 있는 대학으로 **유학**을 갔어요. | 어떤 대상을 이기기 위해 싸우는 것 |
| 김구는 **투쟁** 단체인 한인 애국단을 만들었어요. | 전쟁이나 전투에 필요한 장비를 갖추는 것 |
| 윤봉길은 이봉창의 **의거** 소식을 듣고 김구를 찾아갔어요. | 의로운 일을 위해서 일어서는 것 또는 그런 사건 |

**2** 밑줄 친 낱말과 뜻이 비슷한 낱말을 〈보기〉에서 찾아 빈칸에 쓰세요.

〈보기〉
| 계기 | 의논 | 가입하다 | 다짐하다 | 들통나다 |

(1) 전형필은 우리 문화유산을 지키기로 **결심했어요**. _____
　　　　　　　　　　　할 일에 대해 어떻게 하기로 마음을 굳게 정하다.

(2) 윤동주의 애국 활동이 일본 경찰에 **발각되었어요**. _____
　　　　　　　　　　　숨기던 일이 드러나 알려지다.

(3) 이봉창은 김구가 만든 한인 애국단에 **입단했어요**. _____
　　　　　　　　　　　어떤 단체에 들어가다.

(4) 전태일의 죽음이 **발단**이 되어 노동 환경이 개선되었어요. _____
　　　　　　어떤 일의 시작

(5) 김구는 북쪽으로 가서 통일 정부를 세우기 위한 **협상**을 했어요. _____
　　　　　　　　　　　어떤 결정을 하기 위해 여러 사람이 서로 이야기하는 것

**3** 다음 (　　) 안에 들어갈 알맞은 낱말을 골라 ○표 하세요.

(1) 전형필은 서울에서 이름난 ( **부자집** , **부잣집** )에서 태어났어요.

(2) 이육사는 일본 경찰에 붙잡혀 ( **감옥사리** , **감옥살이** )를 했어요.

(3) 이봉창은 조선과 일본에서 일하며 ( **생개** , **생계** )를 유지했어요.

(4) 이승만은 광복 후 정부 수립을 두고 김구와 ( **대립** , **델입** )했어요.

(5) 전태일은 자신의 몸에 불을 ( **붙혀** , **붙여** ) 스스로 목숨을 끊었어요.

# 치즈의 수 구하기

🐭 쥐가 방 안을 이동하면서 치즈를 먹으려고 해요. 도착할 때까지 먹을 수 있는 치즈의 개수를 빈칸에 숫자로 써요.

먹을 수 있는 치즈는 　　　　 개

# 머리가 맑아지는 체조

📌 다음 동작을 순서대로 하나씩 천천히 따라해 보아요.

**1**

허리를 곧게 세우고
발을 안쪽으로 가져와 앉아요.
손으로 발을 잡아요.

**2**

나비의 날개처럼 두 다리를
위아래로 움직여요.
천천히 시작하고
조금씩 빠르게 해요.

**3**

동작을 천천히 멈춰요.
다리를 앞쪽으로 편 다음
살살 흔들면서 마무리해요.

## 에듀윌 초등 문해력보스 한국사 우리 인물 ❸

| | |
|---|---|
| 발 행 일 | 2022년 9월 8일 초판 |
| 저 자 | 방대광, 김현숙, 신범식, 조윤호, 에듀윌초등문해력연구소 |
| 펴 낸 이 | 권대호 |
| 펴 낸 곳 | (주)에듀윌 |
| 등록번호 | 제25100-2002-000052호 |
| 주 소 | 08378 서울특별시 구로구 디지털로34길 55 |
| | 코오롱싸이언스밸리 2차 3층 |

**www.eduwill.net**

대표전화 1600-6700

# 여러분의 작은 소리
# 에듀윌은 크게 듣겠습니다.

여러분의 이야기를 들려주세요.
공부하시면서 어려웠던 점, 궁금한 점,
칭찬하고 싶은 점, 개선할 점, 어떤 것이라도 좋습니다.

에듀윌은 여러분께서 나누어 주신 의견을
통해 끊임없이 발전하고 있습니다.

**에듀윌 도서몰** book.eduwill.net
**교재내용 문의** 에듀윌 도서몰 → 문의하기 → 교재(내용, 출간) → 초등 문해력

# 문해력 보스

# 바른답과 도움말

## 한국사

초등 3~6학년

우리 인물 ❸  조선 후기~근현대

**eduwill**

초등부터 에듀윌

# 문해력 보스

# 바른답과 도움말

## 한국사 초등 3~6학년

우리 인물 ❸ 조선 후기~근현대

**1일차** 박지원, 박제가, 홍대용  12~15쪽

글  조선 후기 현실 문제를 해결하려고 했던 인물은 누구일까요?

| 문단 | 중심 낱말 | 중심 내용 |
|------|-----------|-----------|
| 1문단 | 박지원 | 박지원은 수레, 선박, 화폐 사용을 주장했어요. |
| 2문단 | 박제가 | 박제가는 적극적인 무역을 주장했어요. |
| 3문단 | 홍대용 | 홍대용은 조선의 과학 수준을 높였어요. |

**정답**

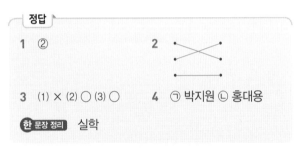

1  ②                    2
3  (1) ✕ (2) ○ (3) ○    4  ㉠ 박지원 ㉡ 홍대용

**한 문장 정리**  실학

1  이 글의 주제는 조선 후기에 현실 문제를 해결하기 위한 방법을 연구했던 실학자들입니다. 따라서 이 글의 중심 낱말은 '실학자'입니다.
3  (1) 혼천의를 만든 인물은 홍대용입니다.
4  『열하일기』를 쓴 인물은 박지원이고, 『의산문답』을 쓴 인물은 홍대용입니다.

**웹툰**  조선의 발전을 꿈꾼 박지원

**정답**

1  청나라              2  ②
3  ②                  4  ②

1  박지원이 다녀온 나라는 청나라입니다.
2  박지원은 청나라에서 평범한 백성이 벽돌로 만든 이층집에 살고 있는 모습을 보았습니다.
3  박지원의 청나라 체험 이야기를 담고 있는 이 웹툰의 제목으로 알맞은 것은 '새로운 문화와 기술을 체험하다'입니다.
4  박지원이 청나라에서 보고 들은 것을 정리해 지은 책은 『열하일기』입니다.

**2일차**  정조  16~19쪽

글  수원 화성은 누가 만들었을까요?

| 문단 | 중심 낱말 | 중심 내용 |
|------|-----------|-----------|
| 1문단 | 정조 | 정조는 왕의 힘을 키우기 위해 노력했어요. |
| 2문단 | 정조 | 정조는 수원 화성을 건설했어요. |

**정답**

1  ②              2
3  ③              4  규장각

**한 문장 정리**  수원 화성

1  이 글의 주제는 조선 후기에 다양한 개혁 정책을 펼쳤던 정조입니다. 따라서 이 글의 중심 낱말은 '정조'입니다.
3  정조는 자신의 군사적 기반을 마련하고 왕권을 강화하기 위해 왕을 지키는 군대인 장용영을 만들었습니다.
4  정조는 왕실 도서관인 규장각을 설치하고 이곳에서 젊은 학자들에게 나랏일과 관련된 학문을 연구하게 했습니다.

**광고**  조선을 개혁하려고 한 왕, 정조

**정답**

1  ②              2  (1) ✕ (2) ○ (3) ✕
3                 4  ①

1  서얼은 양반의 정식 부인이 아닌 여성이 낳은 자식입니다. 정조 시기 이전까지 유교 사회인 조선에서 중요한 나랏일을 맡을 수 없었습니다.
2  (1) 장용영은 도성과 수원 화성을 지켰습니다.
   (3) 수원 화성은 1997년에 유네스코 세계 유산으로 등재되었습니다.
3  규장각은 정조가 창덕궁 안에 설치한 왕실 도서관입니다. 장용영은 정조가 군사적 기반을 마련하기 위해 만든 왕을 지키는 군대입니다.
4  훈민정음을 만든 왕은 조선 전기의 왕인 세종입니다.

**글** 정조에게 큰 힘이 된 실학자는 누구일까요?

| 문단 | 중심 낱말 | 중심 내용 |
|------|-----------|-----------|
| 1문단 | 정약용 | 정약용은 수원 화성을 설계하고 거중기를 만들었어요. |
| 2문단 | 정약용 | 정약용은 학문을 연구하고 수많은 책을 만들었어요. |

**정답**

1   ②　　　　　2   ✕

3   유배　　　　4   ①

**한 문장 정리** 정조

1   이 글의 주제는 정조가 개혁 정치를 펼치는 데 큰 도움을 준 실학자 정약용입니다. 따라서 이 글의 중심 낱말은 '정약용'입니다.

3   정약용은 천주교를 믿었다는 이유로 전라남도 강진에 유배를 가게 되었습니다.

4   정약용은 정조가 죽은 이후에 유배를 가게 되었습니다.

**백과사전** 조선의 천재 학자, 정약용

**정답**

1   ③　　　　　2   ③

3   배다리

4   목민심서 등 수많은 책을 쓰다

1   정약용은 천주교를 믿었습니다.

2   정약용은 실학을 연구한 학자로, 왕을 지키는 군대인 장용영에 소속되지 않았습니다.

3   정약용은 한강에 배다리를 놓아 정조가 안전하고 편하게 한강을 건널 수 있게 했습니다.

4   정약용은 오랫동안 학문을 연구하고 『목민심서』 등 수많은 책을 남겼습니다. 청나라에 다녀온 뒤 『열하일기』를 쓴 인물은 박지원입니다.

**글** 조선에 새로운 종교를 널리 전한 인물은 누구일까요?

| 문단 | 중심 낱말 | 중심 내용 |
|------|-----------|-----------|
| 1문단 | 김대건 | 신부가 된 김대건은 조선에 돌아와 천주교를 알리다가 목숨을 잃었어요. |
| 2문단 | 최제우 | 최제우는 서학에 맞선다는 의미를 담아 동학을 창시했어요. |

**정답**

1   ③　　　　　2   •——•

3   ①　　　　　4   ㉠ 천주교 ㉡ 동학

**한 문장 정리** 최제우

1   2문단은 최제우가 서학에 맞서 동학을 창시한 내용을 담고 있습니다. 따라서 2문단의 중심 낱말은 '최제우'입니다.

3   "내 목숨은 빼앗아도 내 종교는 빼앗을 수 없을 것이다"라고 말한 인물은 김대건입니다.

4   김대건은 천주교 신부로 천주교를 알리다가 목숨을 잃었고, 최제우는 동학을 창시했습니다.

**온라인대화** 비슷한 듯 다른 동학과 서학

**정답**

1   동학, 김대건, 최제우　　2   (1) ✕ (2) ○ (3) ○

3   인내천　　　　4   ②

1   이 대화는 동학과 서학(천주교)에 대해 다루고 있습니다. 대화에서 불교는 등장하지 않았습니다.

2   (1) 동학을 창시한 인물은 최제우입니다.

3   동학의 사상 중 '사람이 곧 하늘'이라는 뜻을 가진 사상은 인내천입니다.

4   조선 정부는 동학을 금지하고 동학을 믿는 사람들을 처벌했습니다.

글 **왕을 대신해 나라를 다스린 인물은 누구일까요?**

| 문단 | 중심 낱말 | 중심 내용 |
|---|---|---|
| 1문단 | 흥선 대원군 | 흥선 대원군은 약해진 왕권을 강화하기 위해 노력했어요. |
| 2문단 | 흥선 대원군 | 흥선 대원군은 서양 세력의 통상 요구를 거절했어요. |

**정답**

1  ③

2  •———•

3  서원 정리, 호포제 실시  4  ㉠ 호포제  ㉡ 척화비

**한 문장 정리**  흥선 대원군

1  이 글의 주제는 왕을 대신해 나라를 다스렸던 흥선 대원군입니다. 따라서 이 글의 중심 낱말은 '흥선 대원군'입니다.

3  흥선 대원군의 정책 중 서원 정리와 호포제 실시는 백성들의 지지를 받았습니다. 하지만 경복궁을 다시 지은 일은 백성들의 원망을 샀습니다.

4  흥선 대원군은 양반에게도 세금을 걷는 호포제를 실시했습니다. 흥선 대원군은 전국 곳곳에 척화비를 세워 서양 세력과 통상하지 않겠다는 뜻을 드러냈습니다.

**방송토론  두 얼굴의 남자, 흥선 대원군**

**정답**

1  ③       2  (1) ○ (2) × (3) ○

3  경복궁       4  미국, 프랑스

1  흥선 대원군은 그동안 세금을 내지 않던 양반에게 세금을 거두는 제도인 호포제를 실시했습니다.

2  (2) 흥선 대원군은 전국에 있던 서원을 47개만 남기고 모두 없앴습니다.

3  흥선 대원군은 임진왜란 때 불탄 경복궁을 다시 지으면서 당백전을 발행하고, 공사에 백성들을 강제로 동원해 백성들의 원망을 샀습니다.

4  흥선 대원군이 나라를 다스리던 때에 조선이 통상 요구를 거부하자 프랑스와 미국이 조선을 침입했습니다.

**정답**

1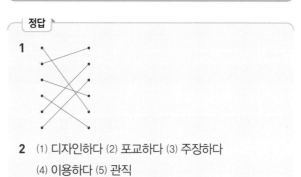

2  (1) 디자인하다 (2) 포교하다 (3) 주장하다

(4) 이용하다 (5) 관직

3  (1) 화폐 (2) 쫓아냈어요 (3) 제사

(4) 등용했어요 (5) 폐지했어요

2  (1) '디자인하다'는 의상, 건축 등의 실용적인 목적을 가진 작품을 그림으로 나타내는 것을 말합니다.

(2) '포교하다'는 사람들에게 종교를 널리 알리는 것을 말합니다.

(3) '주장하다'는 자신의 의견을 강하게 내세우는 것을 말합니다.

(4) '이용하다'는 다른 사람이나 대상을 필요에 따라 쓸모 있게 쓰는 것을 말합니다.

(5) '관직'은 관리가 나라로부터 받은 일정한 일을 말합니다.

**1일차** 김옥균  36~39쪽

**글** 완전히 새로운 조선을 만들려고 했던 개화파 인물은 누구일까요?

| 문단 | 중심 낱말 | 중심 내용 |
|------|-----------|-----------|
| 1문단 | 김옥균 | 김옥균은 개혁을 통해 새로운 조선을 만들어야 한다고 생각했어요. |
| 2문단 | 김옥균 | 급진 개화파가 갑신정변을 일으켰지만 3일 만에 실패로 끝났어요. |

**정답**

1  ①

2  ●———●
   ●———●

3  개국

4  (1) × (2) ○ (3) ○

**한 문장 정리**  갑신정변

1  이 글의 주제는 새로운 조선을 만들기 위해 갑신정변을 일으킨 김옥균입니다. 따라서 이 글의 중심 낱말은 '김옥균'입니다.

3  김옥균을 비롯한 급진 개화파는 우정총국 개국 축하 잔치를 틈타 갑신정변을 일으켰습니다.

4  (1) 김옥균은 박규수에게 개화사상을 배웠습니다.

**뉴스**  갑신정변에 대한 백성들의 생각

**정답**

1  김옥균      2  ③
3  ③         4  ①

1  갑신정변을 주도한 인물은 급진 개화파인 김옥균입니다.

2  이 인터뷰를 통해 갑신정변이 일어난 장소가 우정총국이라는 것과 양반 계층과 일부 백성들이 정변에 참여했다는 것을 알 수 있습니다. 새 정부가 발표한 개혁안의 내용은 나오지 않았습니다.

3  조선 백성들 중 일부는 조선에 변화가 필요하다고 생각하며 갑신정변에 참여했습니다.

4  우정총국을 배경으로 김옥균과 박영효 등이 일으킨 사건은 갑신정변입니다.

**2일차** 전봉준  40~43쪽

**글** 동학 농민군을 이끈 지도자는 누구일까요?

| 문단 | 중심 낱말 | 중심 내용 |
|------|-----------|-----------|
| 1문단 | 전봉준 | 전봉준은 탐관오리를 혼내 주기 위해 농민들과 함께 봉기를 일으켰어요. |
| 2문단 | 전봉준 | 전봉준이 이끈 동학 농민군은 일본군과 관군에게 맞서 싸우다가 패했어요. |

**정답**

1  ①

2  ●———●
   ●———●

3  화약       4  ③

**한 문장 정리**  동학

1  이 글의 주제는 동학 농민군을 이끈 전봉준입니다. 따라서 이 글의 중심 낱말은 '전봉준'입니다.

3  동학 농민군은 청나라와 일본의 군대가 조선에 들어오자 외국 군대의 간섭을 막기 위해 전주에서 정부와 화약을 맺고 스스로 해산했습니다.

4  동학 농민군은 일본이 돌아가지 않자 다시 봉기했습니다.

**인터뷰**  녹두 장군, 전봉준 이야기

**정답**

1  고부       2  (1) × (2) ○ (3) ○
3  ④         4  ③

1  전봉준은 고부 군수 조병갑의 횡포를 막기 위해 고부에서 처음으로 봉기했습니다.

2  (1) 황토현 전투는 동학 농민군이 관군에게 처음으로 승리를 거두었던 전투입니다.

3  능력에 따른 관리 임용은 갑신정변을 일으킨 급진 개화파가 발표한 개혁안의 내용입니다.

4  갑신정변은 동학 농민 운동이 일어나기 전에 발생한 사건입니다. 고부 봉기는 황토현 전투 이전에 일어난 사건입니다.

**글** 왕에서 황제가 된 인물은 누구일까요?

| 문단 | 중심 낱말 | 중심 내용 |
|------|---------|----------|
| 1문단 | 고종 | 고종은 황제의 자리에 오르고 나라 이름을 대한 제국으로 바꿨어요. |
| 2문단 | 고종 | 고종은 개혁 정책을 펼쳤지만, 일제에 의해 강제로 물러났어요. |

**정답**

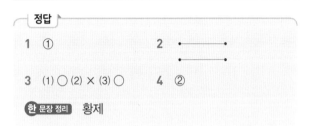

1 ①       2

3 (1) ○ (2) × (3) ○      4 ②

**한 문장 정리** 황제

1 이 글의 주제는 조선의 마지막 왕이자 대한 제국의 첫 번째 황제 고종입니다. 따라서 이 글의 중심 낱말은 '고종'입니다.

3 ⑵ 고종은 명성 황후가 일본인들에 의해 죽임을 당한 사건인 을미사변 이후 사는 곳을 러시아 공사관으로 옮겼습니다.

4 고종은 서양 여러 나라들의 간섭이 심해지고 자주독립에 대한 백성들의 요구가 높아지자, 자주독립 국가임을 드러내기 위해 나라 이름을 대한 제국으로 바꿨습니다.

---

**방송프로그램** 우리 역사 속 첫 번째 황제, 고종

**정답**

1 ③       2 (1) × (2) ○ (3) ○

3 아관 파천      4 ③

1 이 드라마는 흥선 대원군이 정치에서 물러나고 고종이 직접 나라를 다스리던 시기의 사실을 다루고 있습니다. 따라서 흥선 대원군은 등장하지 않습니다.

2 ⑴ 경복궁에서 일본인에게 죽임을 당한 인물은 명성 황후입니다.

3 명성 황후가 일본인들에게 시해당하자, 위협을 느낀 고종은 사는 곳을 러시아 공사관으로 옮기는 아관 파천을 실시했습니다.

4 고종은 환구단에서 대한 제국의 황제 자리에 올랐습니다.

---

**글** 외국인도 독립운동을 했을까요?

| 문단 | 중심 낱말 | 중심 내용 |
|------|---------|----------|
| 1문단 | 헐버트 | 헐버트는 한글을 사랑한 외국인이었어요. |
| 2문단 | 헐버트 | 헐버트는 우리 민족의 독립을 위해 활동했어요. |

**정답**

1 ③       2

3 특사      4 (1) ○ (2) × (3) ×

**한 문장 정리** 독립

1 이 글의 주제는 우리나라의 독립운동에 힘쓴 외국인 독립운동가 헐버트입니다. 따라서 이 글의 중심 낱말은 '헐버트'입니다.

3 헐버트는 고종의 특사로 임명된 후 미국 대통령에게 고종의 편지를 전달하는 임무를 받았습니다.

4 ⑵ 미국은 이미 일본의 편이었기 때문에 헐버트는 고종의 편지를 미국 대통령에게 전달하지 못했습니다.

⑶ 헐버트는 일제에 발각되어 미국으로 쫓겨났습니다.

---

**광고** 한국인보다 한국을 더 사랑한 헐버트

**정답**

1 ①       2 ①

3 사민필지      4 ②

1 헐버트는 미국 출신입니다.

2 외국인 독립운동가인 헐버트의 이야기를 담고 있는 이 영화의 제목으로 알맞은 것은 '파란 눈의 독립운동가, 헐버트'입니다.

3 헐버트는 우리나라 최초의 순 한글 교과서인 『사민필지』를 만들었습니다.

4 전주에서 조선 정부와 화약을 맺은 인물은 전봉준과 동학 농민군입니다.

**글　누가 이토 히로부미를 저격했을까요?**

| 문단 | 중심 낱말 | 중심 내용 |
|------|-----------|-----------|
| 1문단 | 안중근 | 안중근이 이토 히로부미를 향해 총을 쐈어요. |
| 2문단 | 안중근 | 안중근은 뤼순 감옥에서 짧은 생을 마쳤어요. |

**정답**

1　①

2　•———•———•

3　③

4　코레아 우라

**한 문장 정리**　이토 히로부미

1　이 글의 주제는 첫 번째 통감인 이토 히로부미를 총으로 쏜 안중근입니다. 따라서 이 글의 중심 낱말은 '안중근'입니다.

3　안중근은 이토 히로부미가 우리나라를 일제의 식민지로 만드는 데 앞장선 인물이라는 이유로 그를 총으로 저격했습니다.

4　안중근은 이토 히로부미를 총으로 쏜 뒤, 그가 쓰러지는 것을 보고 태극기를 꺼냈습니다. 그러고는 러시아어로 대한 독립 만세를 뜻하는 '코레아 우라'라고 외쳤습니다.

**웹툰　안중근, 죽을 각오로 총을 쏘다**

**정답**

1　하얼빈역

2　①

3　①

4　②

1　안중근은 중국 만주에 위치한 하얼빈역에서 이토 히로부미를 총으로 쏘았습니다.

2　안중근은 뤼순 감옥에서 글을 남겼습니다.

3　대한 제국의 독립을 위해 통감 이토 히로부미를 총으로 쏜 안중근의 이야기를 담고 있는 이 웹툰의 제목으로 알맞은 것은 '만주에서 울린 일곱 발의 총소리'입니다.

4　안중근은 만주 하얼빈역에서 이토 히로부미를 총으로 쏜 뒤, 러시아 경찰에게 체포되었습니다.

**정답**

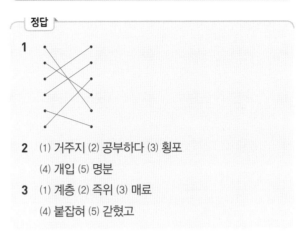

1

2　(1) 거주지 (2) 공부하다 (3) 횡포
　　(4) 개입 (5) 명분

3　(1) 계층 (2) 즉위 (3) 매료
　　(4) 붙잡혀 (5) 갇혔고

2　(1) '거주지'는 머물러 있는 장소를 말합니다.
　　(2) '공부하다'는 학문이나 기술을 배워서 지식을 얻는 것을 말합니다.
　　(3) '횡포'는 제멋대로 굴며 몹시 난폭한 행동을 하는 것을 말합니다.
　　(4) '개입'은 직접적인 관계가 없는 일에 끼어드는 것을 말합니다.
　　(5) '명분'은 어떠한 일을 하기 위해 내세우는 핑계를 뜻합니다.

**쉬어가기**　　58쪽

**정답**

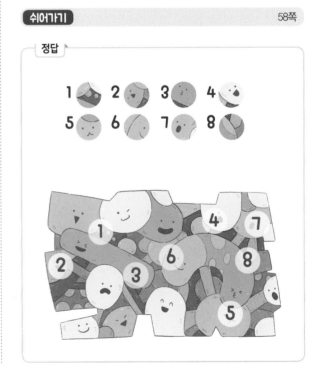

## 1일차 이회영 · 62~65쪽

글 　전 재산을 팔아 독립운동을 한 인물은 누구일까요?

| 문단 | 중심 낱말 | 중심 내용 |
|---|---|---|
| 1문단 | 이회영 | 이회영과 형제들은 전 재산을 팔아 독립운동을 하기로 했어요. |
| 2문단 | 이회영 | 이회영은 어려운 환경 속에서도 독립운동을 이어 나갔어요. |

**정답**

1 ②　　　　2 ✕(선 교차)

3 자금　　　4 (1) ✕ (2) ○ (3) ✕

**한 문장 정리** 　신흥 강습소

1 이 글의 주제는 일제 강점기에 전 재산을 팔아 독립운동을 한 이회영입니다. 따라서 이 글의 중심 낱말은 '이회영'입니다.
3 이회영은 네덜란드 헤이그에서 열리는 국제회의에 특사를 보내기로 계획하고 자금을 지원했습니다.
4 (1) 이회영은 일본과 을사늑약을 맺지 않았습니다.
(3) 이회영은 만주 지역의 삼원보에 신흥 강습소를 세웠습니다.

---

**온라인박물관** 　부자의 품격을 보여 준 이회영

**정답**

1 ③　　　　2 (1) ✕ (2) ✕ (3) ○

3 신흥 강습소　4 삼원보

1 이시영은 이회영의 동생이므로, 이회영과 이시영은 형제 관계입니다.
2 (1) 이시영은 광복 후 우리나라의 부통령이 되었습니다.
(2) 여섯 형제 중 살아서 광복을 맞이한 사람은 이시영이 유일합니다.
3 이회영과 다섯 형제들은 만주 지역에 신흥 강습소를 세우기로 했습니다.
4 신흥 강습소는 만주 지역의 삼원보에 세워졌습니다.

---

## 2일차 안창호 · 66~69쪽

글 　독립을 위해 인재를 기른 인물은 누구일까요?

| 문단 | 중심 낱말 | 중심 내용 |
|---|---|---|
| 1문단 | 안창호 | 안창호는 신민회를 조직하고 나라의 인재를 길러 냈어요. |
| 2문단 | 안창호 | 안창호는 흥사단을 만들고 대한민국 임시 정부에서 활동했어요. |

**정답**

1 ②　　　　2 ●——●(선 연결)

3 ③　　　　4 신민회

**한 문장 정리** 　신민회

1 이 글의 주제는 일제 강점기에 인재를 기르기 위해 노력한 독립운동가 안창호입니다. 따라서 이 글의 중심 낱말은 '안창호'입니다.
3 안창호는 바른 인성과 실력을 갖춘 젊은이들을 길러 내기 위해 미국 샌프란시스코에서 독립운동 단체인 흥사단을 만들었습니다.
4 안창호는 독립운동을 하기 위해 비밀 단체인 신민회를 만들었습니다.

---

**방송프로그램** 　우리 민족의 영원한 스승, 안창호

**정답**

1 독립 협회　　2 (1) ○ (2) ○ (3) ✕

3 흥사단　　　4 ✕(선 교차)

1 안창호가 가입한 단체는 독립 협회입니다.
2 (3) 안창호는 인재를 기르기 위해 평양에 대성 학교를 세웠습니다. 육영 공원은 조선 후기에 세워진 우리나라 최초의 근대식 학교입니다.
3 안창호는 미국 샌프란시스코에서 독립운동 단체인 흥사단을 만들었습니다.

**3일차** 유관순, 김마리아　　　　　　　70~73쪽

글　일제에 맞서 싸운 여성 독립운동가는 누구일까요?

| 문단 | 중심 낱말 | 중심 내용 |
|------|----------|-----------|
| 1문단 | 유관순 | 유관순은 천안 아우내 장터에서 만세 시위를 이끌었어요. |
| 2문단 | 김마리아 | 김마리아는 일본에서 2·8 독립 선언에 참여했어요. |

**정답**

1　① 　　　　　　　　2　✕(선 교차)

3　모진 　　　　　　　4　㉠ 천안 ㉡ 독립 선언서

**한 문장 정리**　여성

1　1문단은 유관순이 일제 강점기에 천안 아우내 장터에서 만세 시위를 이끌었던 내용을 담고 있습니다. 따라서 1문단의 중심 낱말은 '유관순'입니다.

3　유관순과 김마리아는 일본 경찰에게 모진 고문을 당했습니다.

4　유관순은 고향인 충청남도 천안에서 만세 시위를 했고, 김마리아는 일본에서 독립 선언서를 읽었습니다.

**블로그**　유관순, 형무소에서 만세를 외치다

**정답**

1　천안 　　　　　　　2　(1) ○ (2) ○ (3) ✕

3　1919 　　　　　　　4　①

1　유관순은 고향인 천안으로 내려가 사람들에게 서울에서 일어난 만세 시위를 알리고, 사람들과 함께 만세 시위를 했습니다.

2　(3) 유관순의 부모님은 4월 1일 천안 아우내 장터에서 일어난 만세 시위에서 일본 경찰의 총에 맞아 목숨을 잃었습니다.

3　일제에 저항하기 위해 서울에서 일어난 만세 시위인 3·1 운동은 1919년 3월 1일에 시작되었습니다.

4　이 블로그에는 유관순이 주도한 천안 아우내 장터와 서대문 형무소에서 일어난 만세 시위에 대한 내용이 담겨 있습니다. 우정총국은 갑신정변이 발생한 장소로 이 블로그에 등장하지 않습니다.

---

**4일차** 홍범도, 김좌진　　　　　　　74~77쪽

글　1920년대 일본군과의 전투를 승리로 이끈 인물은 누구일까요?

| 문단 | 중심 낱말 | 중심 내용 |
|------|----------|-----------|
| 1문단 | 홍범도 | 홍범도 등의 활약으로 독립군은 봉오동 전투에서 일본군에 승리했어요. |
| 2문단 | 김좌진 | 김좌진과 홍범도 등의 활약으로 독립군은 청산리 대첩에서 일본군을 물리쳤어요. |

**정답**

1　③ 　　　　　　　　2　•——• (선 연결)

3　①

4　㉠ 봉오동 전투 ㉡ 청산리 대첩

**한 문장 정리**　김좌진

1　1문단은 홍범도가 봉오동 전투에서 일본군을 상대로 크게 이긴 내용을 담고 있습니다. 따라서 1문단의 중심 낱말은 '홍범도'입니다.

3　홍범도는 대한 독립군이라는 군대를 만들었습니다. 청산리 대첩에서 활약한 사람은 홍범도와 김좌진 등입니다.

4　홍범도가 이끈 독립군 연합 부대가 봉오동에서 일본군을 상대로 크게 이긴 전투는 봉오동 전투입니다. 홍범도와 김좌진 등이 이끄는 독립군 연합 부대가 청산리 일대에서 일본군을 상대로 크게 이긴 전투는 청산리 대첩입니다.

**온라인대화**　독립군 부대, 일본군에 맞서 싸우다

**정답**

1　홍범도 　　　　　　2　(1) ✕ (2) ○ (3) ○

3　✕(선 교차) 　　　　4　①

1　봉오동 전투에 참여한 인물은 홍범도입니다.

2　(1) 김좌진은 청산리 대첩에서 활약했습니다.

4　이 대화는 1920년대 중국 만주에서 독립군과 일본군 사이에 있었던 봉오동 전투와 청산리 대첩에 대해 다루고 있습니다. 따라서 1919년에 있었던 3·1 운동 장면은 알맞지 않습니다.

**글** 어린이날을 만든 인물은 누구일까요?

| 문단 | 중심 낱말 | 중심 내용 |
|------|-----------|-----------|
| 1문단 | 방정환 | 방정환은 어린이날을 정하고 행사를 열었어요. |
| 2문단 | 방정환 | 방정환은 잡지 『어린이』를 만들었어요. |

**정답**

1 ②

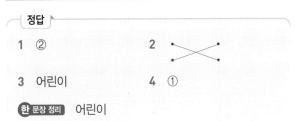

2

3 어린이

4 ①

**한 문장 정리** 어린이

1 이 글의 주제는 어린이가 존중받는 사회를 만들기 위해 노력했던 방정환입니다. 따라서 이 글의 중심 낱말은 '방정환'입니다.

3 방정환은 아이들을 존중하는 사회를 만들기 위해 어린이라는 말을 사용하기 시작했습니다.

4 방정환은 1922년 동료들과 함께 5월 1일을 어린이날로 정했습니다.

**인터뷰** 방정환이 평생을 바친 일

**정답**

1 ②

2 (1) × (2) ○ (3) ○

3 어린이날

4 ③

1 방정환은 어린이가 나라를 다시 찾기 위한 강력한 무기라고 생각하고, 어린이가 존중받는 사회를 만들기 위해 여러 활동을 했습니다.

2 (1) 방정환은 아이들을 존중하기 위해 '어린이'라는 말을 사용하고 '존댓말 쓰기 운동'을 전개했습니다.

3 방정환은 1922년에 5월 1일을 '어린이날'로 정하고 어린이들이 즐길 수 있는 행사를 열었습니다.

4 방정환은 아이들을 위한 잡지인 『어린이』를 만들었습니다.

**정답**

1

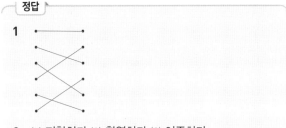

2 (1) 저항하다 (2) 환영하다 (3) 이주하다
   (4) 검사하다 (5) 자금

3 (1) 체포되었어요 (2) 북돋는 (3) 부르짖었어요
   (4) 일쑤였어요 (5) 차례

2 (1) '저항하다'는 어떤 힘이나 조건에 굽히지 않고 거절하거나 견디는 것을 말합니다.

(2) '환영하다'는 오는 사람을 기쁘고 반갑게 맞이하는 것을 말합니다.

(3) '이주하다'는 원래 살던 곳에서 다른 곳으로 옮기는 일을 말합니다.

(4) '검사하다'는 어떤 일이나 대상을 조사하여 좋고 나쁨을 알아내는 것을 말합니다.

(5) '자금'은 특정한 목적을 위해 쓰는 돈을 말합니다.

## 4주

**글**  일본군을 향해 폭탄을 던진 인물은 누구일까요?

| 문단 | 중심 낱말 | 중심 내용 |
|------|-----------|-----------|
| 1문단 | 이봉창 | 이봉창은 일본 왕이 탄 마차를 향해 폭탄을 던졌어요. |
| 2문단 | 윤봉길 | 윤봉길은 중국 상하이 훙커우 공원에서 폭탄을 던졌어요. |

**정답**

1  ③

2

3  의거

4  ㉠ 이봉창 ㉡ 윤봉길

**한 문장 정리**  폭탄

1  1문단은 이봉창이 일제 강점기에 일본 왕을 향해 폭탄을 던진 내용을 담고 있습니다. 따라서 1문단의 중심 낱말은 '이봉창'입니다.

3  윤봉길은 중국 상하이 훙커우 공원에서 폭탄 의거를 수행했습니다.

4  한인 애국단의 단원으로 일본 도쿄에서 일본 왕을 향해 폭탄을 던진 인물은 이봉창이고, 중국 상하이 훙커우 공원에서 폭탄을 던진 인물은 윤봉길입니다.

**시나리오**  두 남자의 시계 이야기

**정답**

1  ③

2  ③

3  (1) ○ (2) × (3) ×

4  혼천의

1  이 시나리오는 훙커우 공원 의거 직전 김구와 윤봉길이 나눈 대화 내용을 담고 있습니다.

2  이 시나리오에서 김구, 윤봉길, 훙커우 공원이 등장한 점을 통해 이 시나리오와 관련된 사건이 훙커우 공원 의거임을 알 수 있습니다.

3  (2) 윤봉길이 김구에게 시계를 바꾸자고 했습니다.
(3) 윤봉길이 훙커우 공원으로 가 폭탄을 던졌고, 김구는 훙커우 공원에 가지 않았습니다.

4  이 시나리오에서 조선 후기 실학자 홍대용이 만든 혼천의는 등장하지 않았습니다.

**글**  시를 써서 독립에 대한 의지와 열망을 드러낸 인물은 누구일까요?

| 문단 | 중심 낱말 | 중심 내용 |
|------|-----------|-----------|
| 1문단 | 이육사 | 이육사는 일제에 대한 저항 정신을 담은 시를 지었어요. |
| 2문단 | 윤동주 | 윤동주는 민족의 슬픈 현실과 자신을 반성하는 내용을 시에 담았어요. |

**정답**

1  ③

2

3  ①

4  서시, 별 헤는 밤

**한 문장 정리**  시

1  1문단은 이육사가 일제 강점기에 시를 통해 일제에 저항한 내용을 담고 있습니다. 따라서 1문단의 중심 낱말은 '이육사'입니다.

3  독립운동을 하다가 감옥에 갇힌 이육사는 감옥살이를 하는 동안 건강이 나빠져 무장 독립운동을 할 수 없게 되었습니다. 그러자 민족정신을 담은 시를 써서 일제에 저항했습니다.

4  윤동주는 우리 민족의 독립을 꿈꾸며 시를 썼습니다. 윤동주가 쓴 시로는 '서시', '별 헤는 밤' 등이 있습니다. '광야'는 이육사가 쓴 시입니다.

**웹툰**  이육사, 자신의 삶을 돌아보다

**정답**

1  ②

2  (1) ○ (2) × (3) ○

3  우리나라

4  ③

1  이육사는 독립운동가이자 시를 통해 일제에 저항한 시인입니다.

2  (2) 이육사의 시 '광야'에는 독립에 대한 의지와 바람이 담겨 있습니다.

3  이육사의 시 '광야'에서 '광야'는 우리나라를 의미합니다.

4  일본 총독에게 총을 쏜 의거를 한 인물은 안중근입니다.

글 **전 재산을 바쳐 우리 문화유산을 지킨 인물은 누구일까요?**

| 문단 | 중심 낱말 | 중심 내용 |
|------|----------|----------|
| 1문단 | 전형필 | 전형필은 전 재산을 바쳐 우리 문화유산을 지켜 내기로 다짐했어요. |
| 2문단 | 전형필 | 전형필은 우리 문화유산을 누구라도 볼 수 있도록 박물관을 세웠어요. |

**정답**

1 ② 2 ─
3 ③ 4 간송

**한 문장 정리** 독립

1 이 글의 주제는 전 재산을 바쳐 우리 문화유산을 지킨 전형필입니다. 따라서 이 글의 중심 낱말은 '전형필'입니다.
3 전형필은 서울에서 이름난 부잣집에서 태어났습니다. 전형필은 독립운동을 위해 군대를 만들지 않았습니다.
4 전형필은 누구나 우리 문화유산을 볼 수 있도록 우리나라 최초의 사립 박물관인 보화각을 만들었습니다. 보화각은 전형필이 죽은 후에 간송미술관으로 이름이 바뀌었습니다.

**광고** **문화유산만 알았던 바보 부자, 전형필**

**정답**

1 방정환 2 (1) × (2) ○ (3) ○
3 ② 4 ①

1 이 영화는 일제 강점기에 문화유산을 지키기 위해 노력한 전형필에 대해 다루고 있습니다. 방정환은 일제 강점기에 아이들이 존중받는 사회를 만들기 위해 노력한 인물입니다.
2 (1) 전형필은 서울에서 태어났습니다.
3 전형필은 우리 문화유산을 지키기 위해 옛 서적, 도자기, 그림 등을 사들였습니다. 부자가 되기 위해 문화유산을 판매하는 내용은 이 영화의 주요 장면으로 알맞지 않습니다.
4 전 재산을 바쳐 문화유산을 지킨 독립운동가 전형필의 이야기를 담고 있는 이 영화의 제목으로 알맞은 것은 '옛것을 모으는 아름다운 부자 이야기'입니다.

글 **비슷하지만 다른 삶을 살았던 두 명의 독립운동가는 누구일까요?**

| 문단 | 중심 낱말 | 중심 내용 |
|------|----------|----------|
| 1문단 | 김구 | 독립운동을 이끌었던 김구는 광복 후 통일 정부를 세우기 위해 노력했어요. |
| 2문단 | 이승만 | 독립운동을 펼쳤던 이승만은 광복 후 남한만의 단독 정부 수립을 주장했어요. |

**정답**

1 ① 2 ✕
3 한인 애국단 4 ㉠ 통일 ㉡ 남한

**한 문장 정리** 김구

1 1문단은 일제 강점기 독립운동가이자 대한민국의 정치인 김구에 대한 내용을 담고 있습니다. 따라서 1문단의 중심 낱말은 '김구'입니다.
3 대한민국 임시 정부가 일제의 탄압으로 인해 어려움에 처하자 김구는 독립운동 단체인 한인 애국단을 만들어 일제의 주요 인물들을 처단했습니다.
4 김구는 광복 이후 통일 정부를 세우기 위해 노력했고, 이승만은 남한만이라도 단독 정부를 세울 것을 주장했습니다.

**인터뷰** **우리 민족의 지도자, 김구**

**정답**

1 대한민국 임시 정부 2 (1) ○ (2) ○ (3) ✕
3 ① 4 ②

1 3·1 운동 이후 김구는 중국 상하이로 건너가 대한민국 임시 정부를 이끌었습니다.
2 (3) 김구는 광복 이후 통일 정부를 수립하기 위해 노력했습니다. 남한만이라도 단독 정부를 수립하자고 주장한 인물은 이승만 등입니다.
3 김구는 대한민국 임시 정부가 만든 최초의 군대인 한국광복군을 통해 우리 손으로 직접 독립을 이루고자 했습니다.
4 김구는 대한민국의 대통령에 당선되지 않았습니다.

글 **자신의 몸에 불을 붙여 시위를 한 인물은 누구일까요?**

| 문단 | 중심 낱말 | 중심 내용 |
|------|-----------|-----------|
| 1문단 | 전태일 | 전태일은 열악한 노동 환경에 눈을 뜨게 되었어요. |
| 2문단 | 전태일 | 전태일의 죽음을 계기로 노동 환경이 개선되었어요. |

**정답**

1 ①

2 •————•
  •————•

3 ③

4 근로 기준법

**한 문장 정리** 근로 기준법

1 이 글의 주제는 노동자의 기본적인 권리 보장을 위해 노력한 전태일입니다. 따라서 이 글의 중심 낱말은 '전태일'입니다.

3 전태일은 가난한 집안에서 태어났고 어려운 집안 형편 때문에 초등학교를 마치지 못하고 시장에서 일했습니다.

4 전태일은 노동자들의 기본적인 권리를 정한 법인 근로 기준법이 지켜질 수 있도록 노력했습니다.

초대장 **아름다운 불꽃 청년, 전태일**

**정답**

1 ①   2 (1) ○ (2) ○ (3) ✕
3 ①   4 ②

1 이 영화는 노동자의 기본적인 권리 보호를 위해 근로 기준법 준수를 외치며 스스로 불꽃이 된 전태일에 대해 다루고 있습니다.

2 (3) 영화 상영 시간 20분 전까지 티켓을 받아 가야 합니다.

3 노동 환경 개선과 노동자들의 권리 보호를 위해 자신의 몸에 불을 붙여 희생한 노동운동가 전태일의 이야기를 담고 있는 이 영화의 제목으로 알맞은 것은 '세상을 바꾼 희망의 불꽃, 전태일'입니다.

4 전태일은 어려운 집안 형편 때문에 초등학교를 졸업하지 못했습니다. 따라서 어린 전태일이 초등학교를 졸업하는 장면은 이 영화에서 볼 수 없습니다.

**정답**

1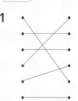

2 (1) 다짐하다 (2) 들통나다 (3) 가입하다
  (4) 계기 (5) 의논

3 (1) 부잣집 (2) 감옥살이 (3) 생계
  (4) 대립 (5) 붙여

2 (1) '다짐하다'는 마음을 굳게 먹거나 뜻을 정하는 것을 말합니다.

(2) '들통나다'는 감추었던 일이 드러나는 것을 말합니다.

(3) '가입하다'는 단체에 들어가는 것을 말합니다.

(4) '계기'는 어떤 일이 일어나도록 만드는 결정적인 원인이나 기회를 말합니다.

(5) '의논'은 어떤 일에 대해 서로 의견을 나누는 것을 말합니다.

**쉬어가기** 108쪽

**정답**

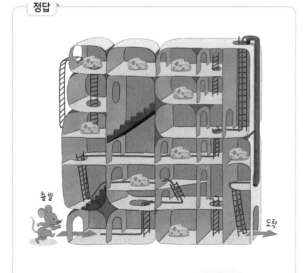

**먹을 수 있는 치즈는** **2** **개**

# 찾아보기

# 바른답과 도움말

고객의 꿈, 직원의 꿈, 지역사회의 꿈을 실현한다

**에듀윌 도서몰** book.eduwill.net

**교재내용 문의** 에듀윌 도서몰 → 문의하기 → 교재(내용, 출간) → 초등 문해력

교재의 오류는 에듀윌 도서몰 내 정오표에서 확인할 수 있으며, 잘못 만들어진
책은 구입처에서 교환해 드립니다.

내가 바로 문해력보스!